寶貝要上幼兒園了！

給特殊兒家長的入學準備工具箱

袁巧玲◆著

目錄

推薦序1

驚豔！融合前就該如此做！

王意中（王意中心理治療所所長／臨床心理師）

我常說「融合很好說，融合很難做。但融合卻一定要做。」對於家有特殊需求幼兒的父母來說，如何在早期療育的黃金階段，特別是，在孩子可塑性更高的幼兒園入學前階段，為孩子及時準備關於入園前的努力，的確是相當重要的一件事。

只是，如此關鍵的準備，卻很容易讓人忽略或不以為意。使得這群身受發展遲緩、自閉症、語言障礙、智能障礙、腦性麻痺、選擇性緘默症、妥瑞症、注意力缺陷過動症（ADHD）等特殊幼兒，在進入幼兒園融合的第一道門後，卻很容易產生了適應上的問題。如同一陣亂流，讓老師措手不及、爸媽亂了分寸，孩子則對於團體生活心生畏懼。

然而，特殊幼兒入學這件事，並非像啟動開關ON/OFF般的輕易。它所需要的前置作業是一段又一段，亟需謹慎評估、修正、執行與調整的過程。也因為要考量的點、線、面，深度與廣度的因素很複雜；加上不同孩子身心特質與需求的殊異，父母對於孩子發展與學習的認識與期待，以及幼兒園老師對於特殊教育的概念、經驗和態度等的落差，使得特殊幼兒入學前這項關鍵的任務，總是令家長感到茫然，甚至於索性尋求周遭他人的經驗，片面地做為自己孩子選擇幼兒園的依據。這對於特殊幼兒的融合教育，提高了許多的風險，造成後續親師生更難以處理的困境。

然而，非常難能可貴，且令人雀躍的是，在袁巧玲博士《寶貝要上幼兒園了！》這本新書中，作者相當細膩、體貼、務實及專業地將這一段又一段極為重要的知識、經驗、概念，化為豐富的文字，給予關心特殊幼兒的家長、老師及相關專業人員，做為孩子準備進入幼兒園前的參考指引。

當然，這本書同時也提供了目前班上有特殊幼兒的老師與家長一份既完整、又專業，且符合現實狀況的 know-how 內容，讓孩子在幼兒園的融合上更加有保障。

我相信，《寶貝要上幼兒園了！》值得關心特殊需求幼兒的您，細細閱讀與品味，在此推薦。

推薦序2

其實你不懂我的心——如何幫助特教學生適性學習

林文生（秀山國小校長）

每次到班級觀課，總會發現一兩個孩子，在班級當中顯得特別不安。有的注意力不集中，有的會發出怪聲，或在班上走來走去干擾別人。在配對學習的班級，經常可以發現，老師會安排一位小菩薩，安定這類學生的情緒。

特殊學生有很多意想不到的行徑，但許多家長仍誤以為特殊孩子只要進入普通班就讀，行為自動就會變好。袁巧玲博士以她的實務經驗很明確給大家一個答案：特殊生進入普通班所需要的能力，必須經由訓練與指導特別加強。特殊生要先具備「模仿」及「觀察性學習」的能力，才能在融合的環境中學習，吸收多元的刺激，融合才會成功。未經訓練的孩子進入班級，很可能適得其反，不但什麼都沒學到，反而遭遇到許多不友善的挫折。我的小兒子三歲之前構音異常，在幼兒園常常被同學笑，也沒有人跟他玩。後來經過媽媽的耐心調教，終於克服發音的問題，也獲得同學的友誼。

小寶貝要上學了，是許多父母共同關心的大事。當孩子能夠愉快輕鬆學習的時候，是父母最開心的時刻。但是，如果孩子一直吵著要跟父母親回家，就必須要了解他拒學的原因，也要懂得溝通的技巧，創造孩子與父母分開的安全感。有時候，拒學現象是家長創造出來的，原因是爸媽捨不得和孩子分開，孩子一哭鬧，家長就想陪在身邊，如此一來，孩子就更離不開父母了。

這些上學前需要注意的事項，書中都一一提醒，推薦給家有特殊生的家長。作者具備非常豐富的特教實務經驗，也處理過許多家長面臨的難題，例如，如何選擇適合的幼兒園？孩子在幼兒園到底學到什麼？孩子是否聽懂老師的指令？長時間的團體教學是否有利於特殊生的學習？到底要選擇公幼還是私幼？蒙特梭利幼兒園？主題式教學幼兒園？雙語幼兒園？特教幼兒園？哪一種型態的幼兒園適合您的寶貝？詳盡的分析可以解答大部分家長的疑惑。

另外，這本書也很適合推薦給班級有特殊生的老師，一般老師接收到領有手冊的學生，經常是臉部三條線，直覺上就將特殊生當作班級經營的負擔。但是也有一些老師非常清楚特殊生的需求，很快就能夠安排接軌的情境，讓特殊生逐步融入全班的學習。這兩者的關鍵差異，在於老師是否了解特殊生的特質，以及他需要協助的點。正在從事特殊教育的老師，已經受過許多特教專業的訓練，相信從書中實際的個案經驗，也能得到更多判斷、分析，乃至於應用方面的有效幫助。

希望這本書的問世，可以協助家長幫孩子做好準備、找到適合的學校；普通班的教師能夠更了解特教生的特殊需求；特教老師也能夠發現更多實用的臨床策略，一起幫助學生有效學習。

推薦序3

在星輝斑斕裡放歌

劉增榮（財團法人中華民國自閉症基金會執行長）

二〇一六年初曾經和袁巧玲博士在機場中巧遇，當時就看到美女博士在擁擠繁忙的航站裡，善用零碎的時間為家長們疾筆振書撰寫《寶貝要上幼兒園了！》，今天能為這本書寫推薦序除了榮幸之至，也可以說和寶貝們十分有緣了。

事實上認識袁博士是二〇〇八年她剛從美國回臺灣時，雙方相互交流討論規劃如何貢獻所長時有短暫的面談，當時博士的專業與熱情在我腦海早就已經留下深刻不可抹滅的印象。

近年來基金會陸陸續續舉辦相關的研習課程，袁博士的ＡＢＡ、國際應用行為分析師ＢＣＢＡ—Ｄ認證及嬰幼兒發展、幼兒能力評估、早期療育、師資和家長培訓的督導專業早就具有全臺知名度與迫切需求。因此，博士也是在百忙中抽空，義不容辭的南北奔波向許多有深切需求的家長及老師分享她的專業與經驗，都獲得非常高的評價與滿意度。

余長期服務自閉症領域以來，時常和父母溝通，從嬰幼兒的發展及現代的融合環境來看，父母越是敢放手，孩子的社會適應與能力發展越強。本書特別在第四章中提到孩子上學後該「放手」與該注意的狀況，教導父母如何觀察孩子的行為及情緒反應，以及耳提面命告訴家長：「放手，孩子才有成長的機會」，不但與我輔導自閉症孩子生涯規劃理念不謀而合，更是提供給寶貝即將上學的家長克服孩子環境適應及父母焦慮的實用寶典，讓這些有特殊需要的孩子能穩健跨出學習的第一步。

期待這本書付梓後，透過袁博士專業經驗分享，就像徐志摩〈再別康橋〉詩中所云：「撐一支長篙，向青草更青處漫溯」，相信假以時日我們能和這些有特殊需要的孩子一起「滿載一船星輝，在星輝斑斕裡放歌」！

前言

一切都出自於「疼惜」和「盼望」。

由於從事早期療育的工作，我經常接觸到特殊兒及他們的家長。疼惜，是疼惜家長在為孩子做任何決策時的那些心路歷程；盼望，是即使知道孩子有自己本身的限制，還是對孩子的未來有所盼望。

我們的許多家長在孩子到了入學年齡時都會想知道：「我的孩子可以上幼兒園了嗎？」我的答案通常都是「再等等」，不然就是「趕快去」，但絕對不會是「去試試看」。也許是我比較謹慎，在面對孩子的學習時，總是希望盡我所能考量到每個面向，這樣才不會浪費了孩子的時間、父母的心力與金錢。所以如果我說「再等等」，必定是孩子還沒有準備好。無論是心理層面或是能力方面，研究都顯示，只要孩子建立好一些能力後，進入幼兒園就能有效率地學習和融入。相對的，如果我說「趕快去」，一定是在評估孩子的能力後，確切觀察到孩子已經具備上幼兒園融合的條件，才會建議家長把握這個時機讓孩子去學習。

寫這本書，是因為現在很多關於孩子上學的書籍，大多都是針對學齡的孩子，但是很少書籍是特別針對正要去上幼兒園的孩子。其實，就如同早期療育一樣，幫孩子規劃上學也是盡量愈早愈好，而不是等到孩子要入小學了，才開始思考可能會面臨到的種種問題。規劃的意思是先有想法、做好功課，再評估看看孩子是否現階段適合去上幼兒園，而這些都需要時間，只要能提早做好準備，就可以避免做出不恰當的決定。一旦孩子準備好基本學習能力，我們就可以把幼兒園當作「練功」的地方，在那裡持續加強各種技巧、練習人際互動、學習團體規範，協助他在將來上小學時能順利克服需要面對的挑戰。

這本書，是要獻給所有現在正在掙扎的家長，在無助的時候，能有一些方向、一些盼望。在這裡，我要感謝芙爾德教育中心的陪讀老師，不僅是贏得幼兒園老師的信任，用盡心力融入在別人的「地盤」裡，更重要的是在這段路程裡，引導孩子們在學校裡發光發熱！我也要感謝所有曾經跟我們一起共事的家長，因為有你們真誠的分享，讓我們更有動力去為孩子服務，謝謝你們！

1

送孩子上幼兒園前
爸媽應了解的事

爸媽的期待

在我從事特教領域的這十幾年裡，輔導過無數家長，幾乎所有我接觸過的家長都向我分享，希望有一天，他們的孩子能像一般孩子一樣地學習、交到好朋友、不要被貼上標籤。也正因為如此，不管孩子當下接受什麼樣的療育課程，處於哪一個發展階段，家長終極的目標，通常都是希望孩子能回歸到一般主流的學校體系裡，特別是能融合在普通班級，和其他孩子一起學習。

期待孩子能在一般的幼兒園學習，當然是個很理想化、很美好的目標。但是我們是否有問過自己，「為什麼」想讓孩子融合？我們追求的到底是什麼？每當有媽媽向我說：「我要讓孩子去上幼兒園。」我都會問她們：「媽媽，您為什麼會有這個想法呢？」問完後，我最常聽到的答案有幾個：「醫師說我的孩子已經可以去上學了」、「我想讓孩子早點去適應環境」、「幼兒園有一般發展的孩子可以跟我的小孩玩」、「我的孩子可以有其他模仿的對象」、「這樣我的孩子可以有更多元的刺激」。這些回應，都反應出家長的心情，因為只要是身為家長的，都會有同樣的期待。

期待是期待，但是我們的期待是否符合孩子的需求，這是需要仔細思考的。我問這個問題，目的是要幫家長釐清自己的思緒，從中了解自己和孩子的需求。請記得，任何我們為孩子做的決定，都需要花時間、心力去了解、分析，再判斷哪些才是現下對孩子來說最有意義的。

才短短幾個月的時間，就有好幾位家長跑來跟我說：「袁博士，我後悔了！」印象最深刻的是某次當我演講結束時，有幾位家長同時來找我聊天，說他們其實在之前就聽過應用行為分析（Applied Behavior Analysis, ABA）療育課程，但是缺乏進一步的資訊，於是就沒有考慮過要接觸。直到孩子進入小學之後，開始在學校不斷出現行為問題，正好有機會來聽相關演講，沒想到一聽完才發現原來ＡＢＡ是一套具有科學研究支持的教學方式，可以針對孩子在語言溝通、社交技巧、認知學習、擴展興趣以及行為與行為管理各方面的困難，規劃個人化的課程。因此感到很後悔，竟然讓孩子錯失了學習的機會，這幾位媽媽都對我說：「如果當初早點知道，也許孩子今天就會不一樣！」

也有家長對我說：「袁博士，醫師說我孩子的能力不錯，把孩子送去幼兒園就會好了。所以我把他送去學校，雖然在認知的學習他都能跟得上，但是卻常出現行為和情緒問題，不是常常去捉弄別人，就是情緒一來就開始大發脾氣。老師嘗試安撫他，剛開始還算有效，但是後來狀況變得愈來愈嚴重，我是不是太早把他送去幼兒園了？醫師不是說他已經可以上幼兒園了嗎？」

我聽到這些家長的心聲，不只是一次、兩次，而是好多次。每一次我都好奇地想知道，如果孩子的教育和學習是那麼的重要，到底是哪些因素影響家長對於選擇課程的判斷力？選擇幼兒園就如同療育課程，也都需要一些正確的判斷能力，我的孩子現在適不適合去幼兒園？去了之後是否要重新調整療育課程？要如何定義孩子真的在幼兒園學到東西？這些問題都是關鍵問題，千萬別草率決定，更要留意自己的心態。

應該避免的心態

我統計分類了一下，發現這些後悔的家長常見有四種心態：

◆「人家說」的心態

口耳相傳是我們的文化，我們不但想把好的東西跟好朋友分享，有時候也喜歡議論，因為這是人性。但是家長千萬要切記，別人跟你分享的是他個人的經驗、他的孩子、他的價值觀，甚至只有他能理解的有限範圍。這些分享可以聽聽、當作參考，但卻不能拿來決定孩子的命運。原因很簡單，因為每個孩子的狀況不同、他的經驗不等同你的經驗、他的價值觀也不是你的價值觀，為了自己的孩子，爸媽應該多做功課，自行去了解。

◆「好不容易有人願意收」的心態

在現實的狀況中，的確不是每一間學校都願意收我們的孩子。有很多的孩子還沒入學就被拒絕，也有很多的孩子在學校出現行為問題，造成老師的困擾，到最後還是以「退貨」的方式收場。只要經歷過的父母應該都知道，想找一間幼兒園並不難，但是要找到一間願意接納孩子、又有技巧能教導我們孩子的學校並不多見。於是家長到處「逛學校」（school shopping），一旦有機會被「錄取」，會緊緊把握這個機會，甚至願意放棄其他的療育課來配合學校。儘管其他的療育課程很重要，也都對孩子有幫助，但是因為「好不容易有人願意收」，所以無論如何也要守住這個入學機會。

當然，如果這間「好不容易願意收」的學校，引導孩子的方式也正好是孩子需要的，那麼真的恭喜你，因為這確實是個難能可貴的機會。但是如果只是因為「好不容易有人願意收」的心態，而選擇了一間不適合孩子的學校，那麼你很有可能會浪費了孩子的時間和自己的努力。

◆「那一間學校很有名」的心態

還記得知名連鎖甜甜圈一開店時，大家一窩蜂去買，甚至花錢請人去排隊，一排就排好幾個小時，雖然辛苦但買到了也心甘情願，就是因為它有名。選擇學校也有相同的現象：一群媽媽在等孩子上課時，通常都會分享各自的資源，如果正好在這個時候家長重複聽到某個老師或學校的名字，就會認為某某老師很有名，也因為大家都想上他的課，於是都受到影響，急著想要幫孩子排課。其實我們的生活周遭有很多「不有名」的好事物，學校也是一樣，父母在選擇時要追求的不該是名氣，而是要實際去了解什麼樣的學校才是適合孩子又對他有幫助的。

◆「先去試看看」的心態

這也是一些家長常有的心態，當爸媽不完全了解孩子目前的需要、不知道別人的建議適不適合，甚至是還沒做好完善的判斷時，往往都會想要試試看，就是「先試了再說」。

該不該試其實並沒有標準答案，有些孩子還是適應得很好，但也有些孩子比較敏感，如果在還沒有準備好的情況下就入學，可能會因為一個不好的經驗而產生挫敗感。如果導致他後來更排斥上學，到時候父母可能會有更多的困擾需要解決。因此在嘗試之前，請先多為孩子設想，考量一下他現有的能力和狀況，並做好準備再開始。

培養判斷能力

一個人的判斷力不完全是與生俱來的，就如同很多其他的能力一樣，需要多做練習。我們可以先從問自己幾個問題開始：

- 我的孩子對我來說重不重要？
- 孩子的學習對我來說重不重要？
- 找到適合孩子的方式重不重要？
- 幫孩子做好準備對我來說重不重要？
- 我在孩子身上投資的金錢和時間對我來說重不重要？

如果你的答案都是「重要」，那麼你是否應該多花些時間跟精神去了解，並自己下判斷？以下是我給家長的三大提醒：

1 **去了解！去了解！去了解！**：也就是親自去接觸、詢問、多做功課，不要輕易聽信不相關的人說的話。

2 **注意要均衡**：兒童發展是全面性的，不是只有單一方面的發展，就像營養要均衡，學習也要均衡。如果是需要療育的孩子，但卻為了上學而放棄所有療育課

程，孩子的進展有可能會因此停滯。

3 靠自己判斷：當你把該蒐集的資料都收集齊全，記得問問自己：哪些孩子的學習目標是最需要優先考量的？哪些課程是現在對他最有意義的？我幫孩子做的安排是否符合他的需求？

親愛的家長，養育孩子很辛苦，教育特殊兒更是不容易。儘管在幫孩子做決定的過程中，很多時候並沒有所謂的對或錯，我們還是要靠自己多問問題，多整理，學會做個會自己判斷的父母。

了解孩子的發展

要學會自己判斷的其中一個必要條件，是要先學會觀察孩子。我們都認為自己身為孩子的父母，對孩子都有一定的了解。事實上，我們需要再提升對孩子觀察的敏銳度，從中認識孩子的發展狀況，比較他與同年齡孩子的發展速度是否相近，還是有著明顯的落差。該從哪裡觀察起呢？有幾個方向家長可以參考：

◆如果孩子已經入學

學校老師的觀察是個很好的指標，他們看的孩子多，很容易就能看出孩子與孩子之間在發展上的差異性。多聆聽老師對於孩子的描述，並持續地觀察孩子，看看是否一般的引導方式就能夠改善孩子的學習狀況。

◆如果孩子是獨生子女

家中如果只有一個孩子時，很難知道孩子是否是落在一般的發展範圍內。這時候有一個簡單的方式可以判斷，就是邀請有相近年齡孩子的親朋好友一起聚會，在小朋友互動時，就可以從中觀察自己孩子的反應及表現。建議不要只透過一次的觀察就判定孩子的能力，有些孩子需要多接觸幾次才會願意展現出自己真正的能力。

◆如果孩子已經確診

已經被診斷或是正在接受療育課程的孩子，父母大都能清楚知道孩子的強項及弱項，也正在朝著發揮強項、加強弱項這些方向努力著。但是在接受評估時，孩子很可能會因為一些因素，像是不適應環境、不熟悉評估他的治療師、缺乏動機，而顯示不出真正的能力，不能呈現完整的狀態。這時候就需要家長學習觀察自己的孩子。以下是一些初步的觀察項目，爸媽可以在日常生活中留意孩子有這些能力嗎？

表1.1 觀察孩子能力的清單

類型	能力	範例
溝通能力	表達需求	主動說出「我想吃餅乾」、「我想上廁所」。
	描述事物	「他堆的積木好高喔！」
	說出完整的句子	「媽媽，你看我畫了一條魚。」
	回答別人的問題	阿姨問：「你假日去哪裡玩？」 孩子回答：「兒童樂園。」
	提問問題	孩子問：「今天的點心是什麼？」
	與他人對話（能針對一個主題與人來回交談）	A小朋友：「我要當超人。」 B小朋友：「那我要當蜘蛛人。」 A小朋友：「我們一起去打壞人。」 B小朋友：「壞人去那家店搶東西了。」 A小朋友：「快把他抓到警察局。」

類型	能力	範例
社交技巧	對他人有興趣	走到其他小朋友旁邊看他們玩玩具。
	跟小朋友一起玩	坐在其他小朋友旁邊一起玩樂高。
	對同伴做出適當的反應	小朋友問：「你要不要一起玩紅綠燈？」孩子回答：「好啊！」
	有基本的遊戲技能	會玩捉迷藏。
行為及情緒	無攻擊性行為	不會打人、咬人、破壞。
	可表達自己的情緒	能說出「我好生氣！」
	會控制自己的情緒	哭了幾分鐘後能自己去找件事來做。
	可獨自進行適當的活動	沒人陪同下，可以自己在一邊畫畫。
	主動參與活動	看到小朋友在聽故事會一起參與。
	願意配合他人	玩遊戲時配合其他孩子的遊戲規則。

以這份清單來檢視孩子的能力，目的是讓爸媽多了解孩子缺乏哪幾項關鍵的基本技能，缺乏愈多，可能就代表孩子需要花更多的時間在練習這些技能上，這會是你要不要馬上把孩子送去上幼兒園的一個重要考量。如果孩子學習效率高、基礎能

力夠，很有可能在學校也能學會一些他需要的能力，家長可以從這些觀察來評估孩子上幼兒園和療育課程的比例。

這是孩子需要的嗎？

上一般的幼兒園，在表面上看來，能讓特殊兒看起來像其他孩子一樣，但卻不見得是對我們的孩子最有效的教育方式。我們都想看到融合教育（指的是讓特殊兒童和一般孩童在同一個班級裡一起學習，提供一個正常化的教育環境）的優點，但是很多事情都有兩面，為了孩子，考量必須要更全面而且詳盡。那麼除了理想化的結果以外，融合會有哪些可能的缺點？

◆浪費特殊兒的學習時間

孩子在現階段的能力都是落後的，也就是一些基礎能力並沒有建立起來。這時候應該依照孩子個人的能力，用更多時間去學習需要加強的技能。但是如果他們這時是坐在教室裡，跟大家一起上一些他們不理解的課程內容，隨著年齡增長，與其他同學的距離只會愈拉愈遠。很多孩子能感受到自己跟別人不同，自尊心受到傷害之後，不是行為問題增加，就是變得退縮。這個我們原以為對孩子好的環境，反而對他們造成了傷害。

◆給班級老師帶來壓力

老師除了要確保班上的學生能夠正常學習、不受到干擾，還要顧及特殊孩子的情況，確實是很大的挑戰。除非人手足夠，不然基本上，老師的精力只能專注在教學、維持班級的紀律上，實在很難有餘力去為特殊兒設想，或是思考該如何提高孩子的能力。這也是為什麼會有那麼多的老師拒收我們的孩子。

◆孩子被排斥

孩子一入校，老師就開始有壓力，有些老師要花很多心思跟其他學生的家長解釋，有些老師也花時間教育班上的同學。如果在這時候，我們的孩子出現極端的問題行為，嚴重到老師無法掌控時，學校就會開始出現關於安全的疑慮。這一點也是很多普通學生家長的擔憂，擔心特殊兒會干擾到他們的孩子。處理不恰當時，受影響的家長就會出現對立的情況，是需要特別注意的問題。

所有家長都希望特殊兒能在一般的幼兒園裡學習，跟一般發展的孩子相處，某方面來說，這樣有助於他們的身心健康成長。但事實上，很多專家都同意：如果我們認為孩子能在這些班級上，自己主動向同學學習，那就大錯特錯了。因為如果真是如此，醫師的診斷就不具任何意義，孩子也不需要額外的療育服務了。

打破迷思：把特殊兒送去幼兒園就會變好？

很多家長在聽到醫師或親友建議將孩子送去幼兒園時，都會躍躍欲試，但又不免憂心忡忡。我就經常在開學季前遇到家長帶著他們的寶貝來問我：「袁博士，醫師說把小孩送去幼兒園，有同年齡孩子的刺激，他自然而然就會進步了！這是真的嗎？」我能了解爸媽的心情，期待孩子能跟一般孩子在一起學習、互動，這是所有特殊兒家長的共同目標。但是事實上，並不是所有的案例都像醫師說的，送到幼兒園就自己會變好！

從我多年輔導孩子的經驗，和實際進入幼兒園的觀察，有些真相我必須要告訴家長：

◆迷思1：孩子去上學就能模仿同齡孩子的行為。

如果你希望孩子上一般學校的理由，是期待他能向其他小朋友學習，就必須先檢視孩子「模仿」及「觀察性學習」的能力。美國針對融合教育進行了許多研究，都發現當孩子能透過觀察他人，進而從中學習，在融合的環境裡才能真正吸收多元的刺激，融合才會成功、有意義。但是也有研究特別提到，這種能力在許多特殊兒身上，需要透過特定的訓練方式才能讓他們學會，並不會自然發展出來。觀察性學習不只是模仿能力，它是孩子在觀察老師與其他小朋友互動後，不是在當下模仿，而是在當下吸收、消化，之後也能記得，並且在其他情境能展現出他先前學到的內容，這類學習的範圍包括了學業還有社交技巧。

從以上的觀點來看，也許家長應該先問問自己，孩子是否有足夠的先備條件。例如：孩子會觀察或注意別人嗎？能不能專注在別人身上持續一段時間？（比如同學在進行一個活動或說話時，孩子能不能看著同學幾分鐘，注意他的動作或表情。

）孩子有模仿能力嗎？他能看著同學正在做的動作或遊戲並一起模仿嗎？如果孩子缺乏這些能力和該有的持續度，那麼他在幼兒園的環境中學習一定會遇到困難。

◆迷思2：早點讓孩子上學，就可以早點適應團體生活。

其實，適應並不是真正的問題，能力夠不夠才是問題。只要是人，都有適應的能力，只是需要的時間長短不同。孩子就算能適應，並不表示他上課時能聽得懂老師講課的內容、跟得上同學學習的腳步，也不代表他就能自動跟其他孩子互動。要切記，如果是診斷出有發展遲緩的孩子，學習的方式不像一般發展的兒童，他們需要經過特別地教導才能學習。因此，這時家長需要考量的是，目前對孩子而言，到底有沒有足夠的條件去上一般幼兒園？治療與上學，哪一項比較迫切？還是可以同時進行？

◆迷思3：孩子在學校可以得到比較多的刺激，學習也會比較快。

爸媽有一個應該要注意的正確觀念就是：刺激給得多，並不等於孩子就會學得多，孩子能吸收多少，主要是取決於他本身的條件和老師的教法。也就是說，孩子若是缺乏專注力、理解力、模仿力、自我管理能力、學習動機等，那麼就算老師上的課再怎麼豐富、變化再多，孩子也很難進入狀況，因為這些都是任何孩子在學習時所需要的關鍵條件。這時候，如果老師不將孩子的困難點納入考量、為孩子適時調整教學內容或引導方式，學習效率絕對會大打折扣。

◆迷思4：幼兒園老師的經驗豐富，他們會懂得如何帶我們的孩子。

特殊兒的學習方式跟一般孩子不同，他們的學習內容需要先劃分為容易達成的步驟，同時還需要透過策略性的引導與協助才能進行；另外很重要的一點就是，特殊兒童的學習動機低，在教學時必須運用技巧來激勵孩子。從這些點來看一般的幼兒園，他們的步調太快，很多孩子跟不上，班上的老師人力不足，又加上大多數的老師是幼保科背景，缺乏特教方面的訓練，因此，很難為孩子做個別化的教學。

◆迷思5：老師說孩子沒什麼問題，就不需要擔心。

當幼兒園的老師向家長說：「小朋友很好啊！他適應得沒問題！」通常我都會擔心這是什麼意思。從我們陪讀和入班觀察的經驗中發現，當孩子本身不太有問題行為、個性又溫和時，老師都會覺得他「沒問題」，但是沒問題有時候也就代表孩子被擱置一旁，反正他不會吵鬧，老師可能就任由他做他想做的事，不參與也沒關係，此時，小朋友就喪失了很多學習的機會。

◆迷思6：只要不幫孩子貼標籤，別人就不會發現他有什麼不一樣。

千萬別認為孩子只要跟一般孩子一起上課，就不會被貼上標籤；更不要以為，只要你不提到孩子的狀況，老師或班上的同學就察覺不出來。要記得，班上都是同年齡層的孩子，很容易互相參照。當孩子缺乏社交能力、對同學沒反應，或經常做出不適當的行為時，其他孩子會自動幫他貼上標籤：「他好奇怪！我不要跟他玩！」小朋友貼的標籤很容易影響其他班上的孩子，會比我們大人給他的更難移除。

另外有些孩子很敏感，能察覺自己跟別人不一樣，看到自己與他人的能力落差大，就會缺乏自信，造成他更退縮的狀況，不願意學習也不願意與其他孩子互動，越強迫只帶來反效果。積極把孩子送入幼兒園卻得到了這種結果，家長的心急也許反而帶給孩子負面的學習經驗。我們是否該問問自己：到底孩子準備好了沒？我們身為家長的，有沒有先幫他建立好學習的條件？

孩子在幼兒園到底發生了什麼事？

孩子進入了幼兒園，真的有我們想像中的那樣美好嗎？他能做到我們所預期的嗎？我們發現，確實當孩子已經具備一些關鍵能力，是絕對有潛力在學校的環境裡發光、發熱，甚至超出我們原先的想像。但是如果孩子還沒準備好，以下列出的狀況就會成為孩子學習上的阻礙。

我們先一同來看看幼兒園孩子需要面對的人、事、物。

一般教室的情況

◆人多及吵雜的環境

對一些特殊兒童來說，他們的感官知覺跟一般孩童不太一樣，特殊兒不是過度敏感，就是比較遲鈍。在一些自閉症的孩子身上，我們可以看到他們害怕吵雜的地方、不喜歡被別人觸碰，甚至會刻意躲避人多的地方。嚴重的例子，是孩子會過度焦慮，導致他在情緒上開始失控。幼兒園裡一個班級平均會有二十幾個小朋友，環境不但吵雜，孩子們也都隨時有可能觸碰到他人的身體，特殊兒童要在一個密閉空間內接收這些感官刺激，的確是件很辛苦的事，這也是為什麼有些孩子會因為負荷不了感官上的刺激而情緒崩潰。

◆複雜又抽象的指令

老師向全班說：「小朋友，去上廁所、洗手，洗完手後請拿水壺喝10口水，再回到座位上。」這是老師一般在教室裡會給的指令，通常都不只是單一的要求，如果我們仔細拆解，單單這句話裡就涵蓋了多重訊息。小朋友除了要接收到全部的訊息外，還需要一一正確執行出來。複雜的指令對很多特殊兒來說是相當困難的，他們需要分別聽懂所有的單一指令、聽完後還要記得所有的內容、最後執行的時候還需要做出正確的順序。

這些指令雖然複雜，但至少是明確的，有一些其他的「名稱」是孩子沒接觸過的，或是很難理解跟自己有什麼關係。好比班級名稱，每一個班級都有屬於自己的名稱，像是「櫻桃班」、「企鵝班」，老師在教學中常會加入這些名稱再給指令：「企鵝班的小企鵝去拿睡袋準備睡午覺囉！」或是有時老師會直接叫小朋友號碼：

「25號，請來老師這裡交作業。」這些名稱對孩子來說是抽象的，以往要學習自己的姓名都要學上好一陣子，現在又多了一些新的名稱要學習，的確在接收老師給的訊息之外又增添了不少困難。

另一個對孩子的困難點是「距離」，以往在療育課程中，孩子都只需要在離老師近距離的地方學習，老師也是在近距離的範圍給予指令，但是在教室裡就不同了。老師離小朋友都有一段距離，雖然孩子可以聽得見，但是很多孩子無法區辨老師是不是在對他說話，對環境敏感度低的孩子而言，要融入團體的學習就很困難了。

◆需要孩子高度配合

在學校，所有的孩子都需要在多方面配合老師，但不是每個孩子都能做得到。舉一個例子，老師向班上的同學說：「小朋友，請把圓圈塗上紅色，三角形塗上黃色。」這時珊珊雖然聽得懂老師的指令，但是因為她最喜歡的顏色是綠色，於是她將兩個形狀都塗滿了綠色。

這個例子是特殊兒經常會發生的狀況，因為他們常有特定的喜好和固著行為。當老師的要求與孩子的想法不一致時，他們只會做自己想做的，因此在老師眼裡，就覺得這個孩子的配合度低，結果可能有三種：(1)老師了解孩子的狀況所以能適當地引導；(2)孩子被冠上不聽話的標籤，因而受到負面方式的對待；或是(3)孩子被放在一邊，不被理會。

◆多步驟的活動流程

只要一踏進校園，一連串複雜的活動就開始了，這些程序包括換鞋、放書包、放水壺，及走到老師指定的空間並參與活動。雖然每天孩子都有練習這套流程的機會，有些孩子在多次練習後也確實可以跟上腳步，但是大多數的孩子在練習時，無法順利完成該做的事。他們經常會因為活動與活動之間的空間距離、時間間隔，或是其他孩子在做的事而受到干擾，注意力被分散，導致流程中斷。

教室的擺設也可能是一個會影響孩子表現的因素。試想一下，在一間教室裡，當孩子一進教室，如果擺放書包和水壺的位置是在同一個區域，放完之後再順著設計的動線引領孩子到活動的區域，那麼孩子就比較不容易分心。但如果放水壺跟放書包的地方是一個在東、一個在西，在孩子放完水壺走向另一個地點的過程中，很容易就會被別的事物吸引，忘記自己到底要做什麼。在國外，由於很多特殊兒會因環境的刺激而受到干擾，因此就連教室裡桌椅、櫃子的擺設都經過特別考量。如果擺設設計恰當，就能輔助孩子活動的動線，減少一些不必要的干擾，孩子也比較能專注在他的任務上。

◆長時間的團體教學

學校的學習有很多時間都是以團體教學為主，與特殊兒平時一對一的療育課程相差很大。在療育的情境中，孩子可以密集地交錯上課與遊戲時間，也較少被規範必須要長時間坐在椅子上上課，對於原本就缺乏專注力的特殊兒來說，如果能夠上一下課再起來動一動身體、玩一玩，他們真正在學習時的效果反而會比較好。

但是一般幼兒園的團體教學時間，平均都在十五到三十分鐘左右。能力好的孩子可以專心聽老師講課一段時間；能力沒那麼好的孩子若是聽不懂內容，他們不是無法安靜坐好、注意力分散，就是會開始出現行為問題。當然，也有一些孩子的穩定度夠，看起來像是有乖乖坐著上課，但事實上他們都在放空、作白日夢，並沒有吸收老師所教的內容。

上課無法專注的偉偉

偉偉是一個發展遲緩的四歲孩子，他在三歲時經過醫師診斷後，媽媽就帶著他密集地去上療育課程。直到他的語言能力有明顯進步，治療師才建議媽媽帶偉偉去上幼兒園。媽媽很開心偉偉終於能回歸到幼兒園裡，但她自己心裡也明白，偉偉跟一般發展的孩子比較起來，在能力上還是有明顯的落差，所以不敢中斷療育課程。偉偉開始上幼兒園後，適應得還不錯，只不過老師常常抱怨，說他上課不專心。大家在聽課時，偉偉會到處看，不然就是摸摸自己的手，很少看向老師。偉偉確實經常會分心，這是治療師跟媽媽都知道的，不過他們也發現，如果是偉偉有興趣的、他能理解的或是有足夠吸引力的內容，他能專注的時間就能持續比較久。與老師溝通後才了解，老師有他上課的風格和自己的堅持，喜歡花大部分的時間「講課」，在最後幾分鐘才會問學生幾個問題，這也難怪偉偉很難專注，因為課程內容不是他能完全理解的，師生的互動量也不夠多。

◆自由遊戲時間

自由活動時間對一般孩子而言是再快樂也不過的事，他們一起玩遊戲或各自玩自己喜歡的玩具，這個時候也是展現社交能力的好時機。相反的，很多特殊兒在這個時候最焦慮，正因為是自由活動時間，缺乏結構化的情境讓很多孩子不知所措。有些孩子不太會正確使用玩具、對玩具沒興趣，更不懂複雜的遊戲規則，最後只能到處遊走、東摸摸西摸摸，或是獨自一人躲在角落自我刺激，不然就是以重複、沒變化的方式玩玩具。

◆快速的學習步調

我進入一般幼兒園觀察過好幾回，常常發現教室裡教學的步調是很快速的，好比孩子昨天才剛學習認識字卡，今天稍微複習一下就需要辨識正確才能得到獎勵。這樣的學習步調也許適合一般孩子，他們可以透過老師的示範，經過幾次的練習，就能學會一項技能。但是特殊兒學習的方式不一樣，他們學習的效率沒那麼好，以我們平常教小朋友的紀錄來看，特殊兒不但需要大量的練習機會（平均都需要練習幾十次，甚至幾百次才能學會一項技能），老師還需要依照孩子的狀況選擇適合孩子的策略，才能教會孩子。當孩子跟不上，情緒跟行為問題就會開始出現。

◆活動轉換時需要彈性

很多特殊兒缺乏面對改變的適應力，他們喜歡結構化的環境，結構化能讓孩子預期接下來會發生的事，讓他們從中獲得安全感。有些特殊兒也不喜歡變動，特別是當他們沉迷在自己喜愛的活動時。這時如果老師要求班上的小朋友要轉換活動，比如：「小朋友，收教具囉，我們要去團討角落了。」他們很難接受變化，有些孩子還會因為缺乏彈性，而堅持要把教具的活動做到他認為理想的程度才願意停止。

◆參與團體活動的主動性

主動性是小朋友在一般幼兒園都必備的條件，因為不可能有老師可以時時刻刻都盯著孩子，在他沒動機時帶著他做每一個動作。如果有多出的人力，老師才有機會引導孩子；人力不足時，沒主動性的孩子可能就會被放在一邊。然而，接受過療育課程的孩子，通常都習慣大量的協助與提示，當他銜接上幼兒園又無法處處依賴老師時，不會主動參與就無法達到學習效果。

◆師生比例低

一般幼兒園裡師生比例低，一個班級可能有十幾到二十幾個學生，再加上一、兩位助理老師，能協助特殊孩子的時間及精力有限。我們都知道特殊兒的學習情況不同於一般，如果在情境中愈能立即引導孩子，在他大腦中的連結會愈強，印象會愈深刻。但是因為班級人數多，老師需要顧及到每個孩子，有時候不好的行為已經發生，甚至已經發生很久，老師如果沒看到前因後果，很難正確判斷孩子的狀況，要找到適當處理方式的機會就很小。

師生比例低也會出現另一個問題，就是孩子如果已經習慣以往在療育課程中的一對一教學，他很有可能會需要老師密集的關注、密集的稱讚或增強。但是在教室裡，老師不會給予密集的關注，有些孩子就會開始出現行為問題，好比用不適當的方式來引起別人的注意。所以在送孩子去上學之前，必須讓孩子在自然環境中學習面對一般人的反應。

一般孩子的反應

我們不只是要對一般教室發生的事情有基本的認知，我們也要知道一般小朋友平時會做出的反應，才能幫助孩子學會適當的回應。這很重要，因為如果我們有正確的認知，就能理解不是單純把特殊兒童跟其他孩童放在一起，他們就會自己互動起來。

一般孩子是這樣：

◆互動時需要得到對方的回應

同學如果來找孩子玩、問孩子問題，但孩子不是沒反應，就是不願意配合同學的玩法，一直有自己的堅持，那麼時間久了，同學就會覺得無趣，也不會再來找孩子玩。

◆喜歡跟有共同興趣的人相處

人與人之間要有共同點才容易聚在一起，小朋友也是一樣，他們喜歡找跟他們有共同興趣的小朋友一起玩。如果我們的特殊兒跟同學沒有相同的興趣，就不會有共同的話題，自然而然地就不會玩在一起。

◆排斥與眾不同的孩子

有些特殊兒會有一些怪動作、怪習慣、甚至怪聲音，容易讓其他同學對孩子產生異樣的眼光，想避免都避免不了。孩子自然而然就被其他的同學貼上標籤，這些情況都讓人心疼，卻又是很真實的。

孩子準備好去上學了嗎？

我們只要進入幼兒園參觀過，一定會發現班上小朋友都有幾項必備的能力，這些能力，不僅是老師對學生的期待，也是幫助孩子融入學校生活、得到最大收穫的基礎。以下我列出幾項一般孩子都會具備的基本能力，家長可以檢視一下自己的孩子在哪些方面需要特別加強：

學前先備技能

◆專注和觀察力

一般的孩子有時都會有專注的問題，更何況是特殊兒童。他們的專注力更為短暫，視覺上無法看得久、聽覺上也很難把訊息聽完，因此影響到他們觀察的能力，包括環境的變動、小朋友在社交時的互動，還有老師的教學。平時父母就可以幫孩子加強這些能力，引導孩子在做每一件事時都只專注於目前的事物；當環境有改變時，引導孩子去觀察變動的人、事、物，也就是教孩子透過聽和看來察覺環境中的變化。

溝通能力

◆聽從指令

老師在教室給的通常都是一連串複雜的指令，小朋友除了要都聽得懂以外，還要能全部記得。另外，還需要在有那麼多環境的干擾下，把每個指令執行出來，這的確有一定的難度。我們通常會看到的現象是，孩子要不是只接收到部分訊息、其他的沒接收到，不然就是做了一個忘了另一個，又或者是他根本不知道老師叫的「小朋友」其實也是在叫他（有一些孩子只對自己的名字有反應）。家長在家中讓孩子學習聽指令時，不僅要有多次的練習機會，還要經常運用不同的說法、拉長距離來教他，提供多樣化的指令，孩子對於老師給予的指令才更能夠理解。

◆模仿

模仿是學習能力的基礎，無論是課業上的學習或是同學之間的社交技巧，都需要透過模仿才能學會。舉一個上課的例子來說，如果課程內容需要孩子完成一個勞作或操作教具，老師會先示範教學再請學生模仿。有時候老師一次示範一個步驟，也有時候老師會一次示範好幾個步驟，若是孩子沒有模仿能力，或是專注力短暫、只看到某個步驟但漏掉其他的，那麼學習的效果一定會因此大打折扣。模仿同學也是一項很重要的學習技巧，當孩子看到其他孩子在玩，比如有小朋友們正在玩家家酒，這時候如果孩子也能跟著一起模仿同學切菜、煮飯，或是邀請其他孩子加入，那麼就很有可能引發互動的火花，更有機會能玩在一起！

◆表達需求

很多特殊兒缺乏表達的能力，當他們不能完整表達自己的需求時（例如餓了、渴了、想玩某個玩具或想去哪裡等），別人不知該如何安撫或滿足他，孩子的情緒也會跟著顯現出來，造成老師的無奈與困擾。在入學前，先幫孩子建立一些基礎的表達能力，無論是透過口語、手勢或圖片的型態，重點是讓其他人能理解孩子的需求，減低情緒爆發的機率。

◆互動式語言

在老師的教學過程中，為了要確定學生上課是否理解教學的內容，老師常常會丟出一些問題讓學生回答，或是在活動中說出學生熟悉的童謠、教學內容讓學生接話。這些都需要有來有往的互動式語言，也就是一人說一句、另一人回應一句的能力。在入學之前，爸媽可以先教導孩子一些簡單的應答，除了讓孩子學習注意別人說話的內容之外，還能同時學習與人互動。有些孩子累積了足夠的這類經驗時，便可能進一步與其他人有更複雜的交談。

社交技巧

◆與同學互動

家長都希望孩子進入校園就能跟其他孩子打成一片，交到好朋友，但是結果往往會發現我們的孩子很難融入人群。有時他們會躲在角落自己玩自己的，或是有小朋友來跟孩子說話時他沒反應，小朋友覺得無趣就不會再來找他玩了。也有一些孩子很渴望友誼，但是卻用了不適當的方式接觸別人，讓其他孩子感到不舒服甚至想要逃避。準備上學的一項重要目標，是讓孩子懂得如何跟同學互動，這包括了主動跟同學互動、對他人有反應、參與遊戲、以適當的方式跟同學相處等，當孩子有了基礎的社交能力，他才會在人際關係上更有自信。

這些舉動很嚇人

我們有很多孩子其實很想接觸其他孩子，雖然出自於善意，但是有時因為他們表現出來的行為不適當，往往會把其他小朋友嚇跑。一些我們看過會讓人害怕的行為包括：戳別人的眼睛、聞別人身上的味道，或亂摸別人身體等，在很多學齡前孩子身上都出現過。當然也有一些孩子表現得不會那麼過頭，只是仍會讓人不知該如何是好。

樂樂就是這樣的孩子，他的口語能力相當好，也很會玩假想性的遊戲，因此跟其他一般孩子在一間教室裡，不會讓人覺得他們有太大的差異。不過樂樂倒是有自己的一些偏好，比如他很喜歡時鐘和手錶，最近也迷上了戴眼鏡的路人，常常會拿這些話題來跟別人分享。聽起來樂樂是個喜歡接觸人的孩子，但實際上相處下來，可以觀察到他與別人的互動有點奇怪。就像是有一次我去他的學校看他，當我一走進教室，樂樂就走向我，沒頭沒腦地冒出一句：「路上的阿姨戴眼鏡」，接著又去觸碰一個他沒有見過的老師手上的錶，讓那位老師頓時不知所措，由於我們都很清楚樂樂的特質，所以可以接受，但如果換成是不認識樂樂的人，恐怕會覺得他的行為讓人感到很唐突。

◆**團體規範**

印象中學校老師在講故事的時候，小朋友都可以坐在地板上，專心地把故事聽完，但是我們的一些孩子不太能安定坐在一個固定範圍內，他們會到處遊走，或是無法參與活動。他們缺乏對團體規範的認知，及自我行為管理的能力，特別是當孩子以往只有一對一的學習經驗時，會很難適應團體的教學方式。家長平時可以多讓孩子練習在不同環境該有的表現，從日常生活中的作息開始，無論是在家裡、或是外出時的基本的規範，幫孩子定出一些原則並持續執行，練習的次數累積多了，有助於提升孩子對於規範概念的理解及穩定度。

◆**獨立完成活動**

孩子是不是常常在執行活動時都只能做一部分，無法持續地將一項活動完成？把一項活動從頭做到尾，是孩子在學校必須具備的能力，因為當老師給學生一項任務時，都會期待學生能在最少的協助下自己獨立完成。如果孩子缺乏持續度，先檢視孩子的困難點，到底他不能持續執行一項任務是出自什麼原因呢？是因為這項任務需要一定的精細動作能力，但是孩子欠缺小肌肉的力量？還是因為孩子對這個活動不感興趣、所以無法投入？又或者是他不理解老師交代的內容，因此不知該從何做起？幫孩子釐清了原因，才知道該如何協助他。

不是不做，是不懂得怎麼做

在一次的團體活動中，老師分享了一本繪本，故事裡，鱷魚先生是個美髮師，他想要幫小鳥染頭髮，老師利用這個情節，讓小朋友把自己當作美髮師，請大家用彩色筆將紙做的小鳥塗上顏色。小將照著老師的指令開始著色，沒想到塗到一半彩色筆就沒水了。但小將並不理解發生了什麼事，他只是一直嘗試著色，卻不知道這時應該向老師尋求協助。一段時間過去了，他還是畫不出顏色，最後因為受挫而只好放棄，作品也就擱在一旁。

接下來的步驟，老師請各位小小美髮師將已經畫好線條的紙剪成條狀，再用筆將紙條卷起，就像把頭髮燙捲一樣。這時候，小將拿起剪刀開始「

剪頭髮」，但是因為他不理解老師給予的規則「把全部的頭髮剪完」，也就是剪下每根畫了線的頭髮，他剪了幾根就以為自己剪完了，於是就停了下來。這個例子讓我們看到，孩子有可能因為一些能力上的限制，而無法自己獨立完成活動。

◆如廁

有一些幼兒園會希望孩子能在入學前就能把如廁能力訓練好。如果孩子年紀還小，一般老師都會幫忙如廁訓練；但如果孩子已經是中班的年齡還包著尿布，那麼家長就很難要求老師在管理教室和教學的情況下，還能按時幫孩子換尿布。所以如果你不想要孩子有尿布疹，就趕快開始訓練孩子如廁的能力吧！

◆無干擾行為

一般的老師都注重教室秩序和管理，如果孩子有很多干擾行為，那麼他一定會成為老師眼中的頭痛人物。我們常常為一些特殊孩子感到心疼，因為他們的行為問題其實是可以改善的，但是如果在還沒準備好之前，因為父母心急就把他們送去學校，讓這些行為成為孩子的負面標籤，甚至遭人排擠，那就真的太可惜了！

◆穩定的情緒

特殊兒常常會有一些莫名的情緒，這些情緒有可能是來自於需求沒有滿足、過度受到環境中的刺激、或是受到挫折等。若是孩子能在短時間調控自己，或是情緒容易被轉移，那麼一般的老師還能處理。但是如果孩子爆發的次數過於頻繁，或是容易引發出其他激烈的反應，通常老師就無法招架，很多的孩子會因此被學校「退貨」。

孩子的療育規劃與比例

看了以上孩子接受融合教育所需的必備能力，家長可以先檢視一下目前幫孩子擬訂的療育規劃，從與治療師溝通中，深入了解孩子正在進行的各種課程，再去分析這些課程是否朝著準備融合教育的目標進行。

這個步驟很重要，因為在療育體系裡這麼多年，我發現有一個我們欠缺的關鍵點，亟需持續努力克服，那就是療育無法與孩子的生活結合。說明白一點，就是療育做療育的、學校做學校的、家庭做家庭的，大家各自努力，卻無法整合。最後的結果就是療育課程學到的東西，孩子在自然情境中展現不出來，無法應用到學校環境或日常生活裡。

把握學齡前的療育機會

孩子在不同的年齡階段，需要被優先考量的目標也不同。當孩子年紀還小時，建立基礎能力應該最為優先，多花一些時間著重在治療上效果最為顯著，這時候密集的治療是有必要的。然而這方面只能仰賴專業人士，因為在融合的教室裡，老師畢竟不是這方面的專業，還需要顧及其他孩子，就算曾經接觸過同類型的特殊生，仍然無法以個別化的方式加強孩子所需要的能力。

如果孩子已被診斷出是特殊兒童，請記得要把握學齡前的這段時間，千萬不能只送孩子去幼兒園而放棄療育的機會。在學齡前的療育資源很豐富，可以針對孩子的需求，幫他們加強溝通、社交、認知、行為管理等能力。入小學後就沒那麼幸運了，資源不但變少，還要加上課業的壓力，原本在幼兒園看到孩子與其他孩子的落差，在這時也更為明顯。在這裡要提醒家長審慎評估療育的需求，加強孩子的基礎能力，再來就是和孩子的治療師們合作，設計學習的目標要涵蓋孩子在學校所需的能力。

以漸進的方式銜接融合教育

一旦孩子具備了一些基本能力，家長可以開始安排孩子在學校融合的機會，建議採用漸進式的方式進行，也就是可以先從幾個半天開始。這樣的做法，一來是能讓孩子慢慢適應；另一方面，是在融合教育時可以持續觀察孩子的狀況，以孩子在學校的表現來決定療育與融合的比例。

我們對孩子一般的觀察期是三到六個月，在這段期間，如果孩子在學校融合有困難、進步的幅度不大，那麼療育課程就不能減少。要記得，療育對於學齡前的孩子來說，應該還是孩子在學習上的主軸，重點是要將療育與自然情境結合。

當然，如果孩子在這期間有明顯進步，家長可以開始調整療育與融合的比例。但是我們還是建議不要立刻完全停掉療育，因為就算孩子適應良好，還是需要持續觀察，如果能力上還是有些微落差，但進步的幅度卻慢慢減緩，落差仍然可能愈來愈明顯。

有很多接受療育課程的孩子都是高功能的小朋友，在語言溝通、認知能力上都沒有太大的問題，但是他們在幼兒園裡還是會出現狀況，其中包括了情緒、行為、理解力、人際互動等。療育一旦停止，如果這些狀況又開始湧現，那麼這時候家長想要回頭排療育課，很有可能因為課程難排而還要等上好一陣子，不僅耽誤了孩子的時間，還會造成家長額外的困擾。

2

如何選擇幼兒園

現在父母有很多選擇，無論是才藝班、早療課或幼兒園，五花八門的課程與學校令人無所適從。到了某個時間點，家長就開始思考是否要將孩子送入幼兒園。

在做選擇之前，家長需要先做一些功課。第一步，也是最重要的一步，就是從了解孩子的能力開始：分析孩子現下最迫切的目標，評估平時幫他加強的練習與課程有沒有效果。一旦孩子準備好了，接下來，就是實際去認識不同種類的幼兒園。認識不同的幼兒園需要時間，從開始找、詢問別人的意見、自己親身去了解，到最後比較跟分析，都需要花時間，因此建議家長千萬不要等到最後一刻才開始。好的幼兒園不好找，更不容易排到，寧願提早開始準備，也不要到最後才發現理想的學校已經沒有名額了。

幼兒園有哪些類型？

公幼還是私幼？

當我們一提到幼兒園，腦子裡所浮現的第一個選擇：「要去私立幼兒園還是公立幼兒園？」家長只要是在網路上爬文過，多多少少有聽過這兩者的優缺點。家長彼此的經驗分享都很雷同，我們發現家長關注的重點都環繞在設備環境、學費、餐點、學習的理念、教學內容或是方便性。這些資訊的確都能在網路上輕鬆找到，但是很少有人談論老師的背景，也就是師資，這個話題雖然最少人談論，卻又是最該被談論的。

以我自己的例子來說，我曾經在美國擔任了好幾年的特教老師，而在取得教師資格之前，我們必須經過一套完整的訓練，從認識孩子的發展開始，對他們成長的任何一個環節都需要深入了解，再從實務中來學習如何與孩子互動、設計課程，這一切並不是短時間就能掌握的技巧，而是需要長時間的實習和進修，才能考取教師資格。

正因為自己曾有這樣的經歷，我深深體會做為一位老師不是件簡單的事，做任何事都要求專精，那麼教育也必須要求有一定的專業程度。既然教育孩子是這麼重要的事，那麼我們就需要考量到老師的專業度，當老師不夠專業，孩子若是在學習上出了狀況，老師較無法分析為何孩子沒有進步的原因，因而較難採取適合孩子的教導方式，他們只能自己摸索，看看哪種方式有效，不過在這個過程中往往也浪費了孩子寶貴的學習時間。當老師的專業訓練不足時,無法面對教學的困境,如果再加上環境中沒有人可以提供支持,這些種種的困難就會成為孩子接受融合教育的阻礙,降低融合的成效。

我們看到,在坊間有許多幼兒園,標榜全英語學校或是國際學校,但並不是政府立案的合格幼兒園。其中有許多園所其實是立案為補習班,他們宣稱老師都是「相關科系」,但實際上卻不具備幼教師或教保員資格,這樣對孩子是不理想的。儘管這些老師都很有愛心、耐心、同理心,而這些只是身為老師該有的基礎條件,跟老師的教育專業並沒有絕對關係。

另外一個必須要提到的關鍵,是老師對特殊生的辨識度。如果孩子還沒經過診斷,有些老師能察覺到孩子在發展上的確與其他孩子不同,提出哪些小朋友可能是特殊生,再交由鑑定委員會判定。家長要特別注意,每個縣市的規定不太一樣,例如:臺北市的疑似生會算是個案,也就是需要寫個別化教育計畫(Individualized Education Program, IEP);新北市的疑似生不算是個案,但還是可以接受特教服務,因此爸媽要去了解自己所在縣市的運作方式。當老師有辨識度,能察覺出孩子的特殊需求,便能幫孩子把握機會申請到協助的資源。但是家長也需要注意,有些私立幼兒園老師並不會主動提出，或是不主動告知家長孩子可能有狀況，原因是不想被外人介入教學，因此選擇幼兒園時，如果爸媽能先去了解幼兒園是否曾經申請過巡迴輔導老師（更詳細的說明請見第71頁），或是他們申請的意願如何，對孩子應該會大有幫助。

要選擇公幼或私幼，我認為是沒有標準答案的。家長考慮的重點，應該放在老師是否具有合格教師的資格？合格教師代表具有一定的教學知識，再來就是老師是否遵循教育部的規定，持續進修與特教相關的課程，以及學校是否願意幫孩子申請資源。以上幾點都需要爸媽仔細確認，是選擇幼兒園時最基本的條件，也是不可或缺的架構，有了這些條件，之後再考慮其他的元素。

一般幼兒園的教學類型

幼兒園的名堂很多，標榜的教學型態也那麼多，到底要選擇哪一種才好呢？其實只要是一些目前廣泛受到討論的類型，通常在教育界都有一定的歷史、發展背景及理論基礎，才能延續到現在，也就是說，我們目前在市面上常看到的，應該都不會有什麼太大的問題。以教育學者的觀點來看，每種教學型態著重的點不同，對於孩子學習內容的優先順序也有不同見解，但只要是遵循孩子全面性的發展、不是強迫孩子只偏重某方面學習的，都是可以納入考慮的。接下來就是，爸媽要在這麼多不同類型的教學法中，選出想要給孩子的學習環境。我發現，一般家長如果沒有深入了解，很難分辨，以下列出最常見的幾大類型，提供給家長參考。爸媽需要特別注意的是，這裡只有一些基本的介紹，每間學校和老師都有個別差異，還是需要實際去了解才能下判斷。

◆蒙特梭利幼兒園

蒙特梭利幼兒園，是用生活化的方式教育孩子，其中的理念是尊重孩子為獨立的個體，讓他們自由做選擇，從中發掘孩子的潛力。老師提供很多元的教具讓小朋友操作，孩子可以在生活中學習，同時累積經驗，並從過程中學習自律、主動、發展自我人格。這種學習環境的優勢，就是能提升孩子的精細動作能力、生活自理能力、專注力、執行同一個活動的持續度，以及獨立性。如果曾經看過蒙式的教具，通常都會覺得這些教具很吸引人，每一項教具都有各自的教學目標與特定的操作方式，但是相對的，它缺乏彈性，孩子較無法從學習中發揮創造力。

有一些教育專家認為，雖然蒙式強調尊重孩子為獨立個體、讓他們自由選擇，但是如果孩子已經習慣任何事都有主導權，當他們進入小學時，一開始會很難適應要聽從老師的模式，在這個時候往往會出現情緒跟行為問題，甚至是排斥上學。另外，如果孩子有自閉症，他的特質之一就是自己玩自己的，那麼，大部分的時間把他放在一邊，讓他自己操作教具，不但會減少孩子跟別人互動的機會，也同時會降低他參與團體活動的動機。

◆主題式教學幼兒園

這一類型的幼兒園是以教學主題來作為課程的主軸，選擇這些教學主題的方向是與孩子的生活經驗相關，從這些主題來導向孩子需要學習的能力。這些教學主題會與不同的學習區做結合，其中可能會包括美勞區、科學區、語文區、益智區、積木區、裝扮區，藉由這些區域讓孩子探索及獨立工作。老師會提供一對一教學，也會讓幾個小朋友一起學習、互動，豐富孩子的知識體驗外，還能激發孩子的自主學習與解決問題的能力。

如果曾在網路上爬文，會發現對於主題式教學的評價大多數提到的都是優點，好比對於許多害羞或較敏感的孩子來說，如果碰到孩子有興趣的主題或是學習區，他會比較有意願參與，也能藉此提升孩子對環境的適應力。我個人對這種方式的教學很喜歡，原因是：

1 這些主題跟孩子的生活相關，透過這樣的學習能與生活做連結。
2 老師會花一段時間在一個主題上，並運用不同的角度（學習區）切入，這樣的學習是較深入的學習，不是表面功夫而已。

◆雙語幼兒園

每一間雙語幼兒園都不同，有些是全程都用美語教學，有些只有部分時間是以美語教學。每間學校的師資不同，有些學校專門招聘外籍教師；也有學校只有部分教學是由外籍老師來教，其他時間是臺灣老師來教；還有一些學校全程都是臺灣的老師教課。通常家長選擇雙語學校，是為了讓孩子能加強外語，也許家中本來就是雙語家庭，也或者這是家長自己的期待。但無論原因如何，以我自己在國外求學的經驗來看，既然要學語言，就要學正統的，如果是我自己為孩子做選擇，一定是選擇外籍老師，畢竟他們的表達方式、文法、語調才是最標準的。

在雙語幼兒園學習有它的優點，我們接觸過一些特殊孩子，對外語的反應比中文好，他們喜歡英文字母、聽過別人說話也很容易模仿，這樣的環境會讓這些孩子更有意願與他人溝通。也有一些家庭正在計畫移民到國外定居，盡早讓孩子接觸外語，確實能幫助孩子在新環境中提升適應力。相對的情況，雙語的環境對某些孩子來說會造成阻礙，如果孩子本身在語言方面的發展就比較遲緩，那麼在這個階段學習雙語只是會造成孩子混淆，不但無法學好兩種語言，很可能連母語都會受影響。再來就是孩子的療育，在臺灣大部分治療師都只使用中文，如果孩子還是要持續接受療育，那麼學習中文應該是目前的首選。

◆綜合型

為了滿足家長的需求，現在坊間也有很多幼兒園採取綜合式教學，也就是什麼教學法都來一點，一所學校可以包含一點點的蒙式、一點點的主題式教學，再外加上個英文課，感覺這樣的刺激多元，孩子該上的都上到了。但是這樣到底好不好？

其實還是要看老師的專業度及孩子的學習進度來決定。有些孩子在這種多元刺激的環境下確實學到很多，也因為有變化，讓孩子覺得新鮮，學起來也更有動機；另外有些孩子沒辦法一次吸收這麼多不同的刺激，儘管接觸得多，但是每種都只是學學表面功夫，看似都有在學習，但事實上卻不精熟。所以在評估幼兒園適不適合孩子之前，盡量不要被表面的「多元」、「多刺激」、「多變化」這些噱頭影響判斷，而是要以孩子現階段的需求為優先考量，選擇符合需求的學校。

特殊教育的選擇

◆特教幼兒園

現在很多的公立小學都有附設幼兒園，主要是以普通班為主，當然也有一些學校會有特教班，讓持有身心障礙手冊的孩子可以就讀。特教班的老師都具有特殊教育的背景，對特殊孩子有一定的認識，課程也是針對孩子需要學習的目標設計的。在特教班的每個孩子都會有自己的ＩＥＰ（個別化教育計畫），老師能幫孩子設定符合孩子需求的學習目標，教學步調能根據孩子的情況做調整，運用適合特殊兒童的策略來協助孩子，課程內容也是孩子需要練習的能力。特教班的師生比高，老師較能掌握每個孩子的狀態，在親師溝通、合作上較容易進行。另一方面，在特教班裡，班上同學的能力可能都不同，也許會遇到能力弱或肢體有限制的孩子，如果班上沒有與孩子條件相近的孩子，很可能就會缺少模仿及互動的對象。

在特教班裡，老師會運用對孩子有利的方式引導學習，並提供適合的協助，而有些特教班也會運用到結構化教學（在學習環境中，包括活動、時間表、硬體設備或擺設，都運用視覺提示的方式，來引導孩子學習。）的概念。目前許多研究都發現，結構化教學對特殊兒是一種非常有利的學習環境。在設備擺設上，老師將教室的空間用不同的家具規劃出適當的動線，孩子能在低干擾的情境下，學習在不同區域範圍內該有的表現。例如，運用顏色鮮豔的膠帶讓孩子知道排隊的隊形，或是放置地毯讓孩子學習坐在特定的範圍內聽故事，這些視覺提示能讓孩子清楚理解，自己在什麼地方就該做什麼事。

結構化的活動，是活動中包含了明確的起頭與明確的結束，像是需要操作性的教具，只要能讓孩子知道什麼時候該開始活動、什麼時候算是完成活動，都可以納入結構化的教學裡。結構化的時間表也是透過視覺的提示（可以是圖片或字卡），來標註活動的流程，比如一進教室要做的事情，從換室內鞋、放書包、放水壺、交出聯絡簿等，以圖片方式呈現，放在孩子可以看到的地方。時間表上的圖片也可以貼上魔鬼氈，做好後將圖片移至「完成」的位置，體驗完成活動的成就感。

結構化教學的優點，是能以視覺輔助讓孩子明確知道要做什麼、在哪裡做，和做到什麼程度，這種具體的提示能讓孩子預期接下來會發生什麼事，進而穩定孩子的情緒。另外，這些提示較能使孩子理解正在學習的內容，當孩子能理解，就會有較多的成功經驗，相對的，孩子的挫折感就會減低。而結構化教學法的缺點，是當有些孩子習慣這種模式後，會變得固著、很難有彈性，在沒有視覺提示下較少出現主動性。因此需要老師以技巧性的方法慢慢減少圖片的使用，促進孩子的主動性，不然很有可能會造成孩子的依賴。

◆到普通班上融合

基本上，在特教班上課的孩子並不會到普通班去上融合課程，但是有很多家長因為還是期待孩子能有機會融合，會與老師討論是否有可能性。在老師的評估下，根據孩子的能力，由ＩＥＰ來決定哪一門課可以到普通班嘗試融合，再以漸進式的方式融合，時間慢慢拉長，如果孩子適應良好、不干擾其他同學，在老師人手足夠的情況下，融合的科目可以再慢慢增加。

如果在公立學校能有融合的機會，加上特教班老師可以入班觀察孩子的表現，那麼很大的好處是，有專業背景的老師能直接看到孩子缺乏的能力、在普通班級裡是否真的能跟同學一起學習，讓家長更明確了解，這樣的選擇是在幫助孩子，還是在浪費他的時間。

◆巡迴輔導老師

無論你是在公立或私立的學校，都可以請校方協助申請巡迴輔導老師，這位老師主要的角色，是定期入班觀察孩子、提供特教相關資訊給家長和老師，並與老師討論出在班級上可以協助孩子的方案。另外一點，只要有巡迴輔導老師入班，就需要寫ＩＥＰ。家長自己要特別注意，每個縣市對於由誰來寫ＩＥＰ有不同的規定，例如在臺北市幼兒園是由原班老師寫、在新北市幼兒園則是巡迴輔導老師寫。ＩＥＰ的目標與實施的方式，是由巡迴輔導老師跟原班老師一起討論訂定，至於目標是否達到，也是由雙方老師討論決定。

針對巡迴輔導老師的這個角色，我們聽過很多說法，有些人認為巡迴輔導老師久久才來一次，而且有些巡迴輔導老師不常接觸孩子，只在一邊觀察，因此看到的狀況很片段，無法提供完整且有幫助的訊息給班級老師。當班級老師和巡迴輔導老師站在不同角度看孩子，又無法達到共識時，有可能會因為意見不同，各做各的，導致巡迴輔導老師無法發揮真正的功能。當然也有一些巡迴輔導老師和班級老師有很好的合作關係，使孩子從中受益。我的看法是，這是政府給家長的資源，能夠有多的人手關注我們的孩子、協助家長，都是好事情。

選擇幼兒園時必問的問題

選擇幼兒園沒有對與錯，重點是放在孩子的身上，這環境是否對孩子有利？孩子現有的能力，是否足夠他在幼稚園吸收老師所教的？哪一種選擇對孩子來說，目前是最有意義的？以下是家長在選擇幼兒園時，幾個必要詢問校方的問題，這些問題關係到孩子的整體學習，以及環境中可提供的資源，家長在做決定時，應將園所的回應納入考量。

問題1：學校的教學理念

教學理念是帶領老師教學的主要方針，學校重視的是什麼，教學的比重就會放在那上面，就好比有些學校重視課業的學習，因此在教室裡一定會看到老師教導學科相關的內容，最常見的包括識字、書寫、數學概念或其它知識類的內容。也有些學校在意的是孩子的品德，教學會著重在孩子本身對事情的態度及行為、人與人相處時該有的禮節與相處方式。另外還有些學校看重多元的刺激，會引進最新、多變化的教材來做為教學的主軸。

家長想要真正了解學校的教學理念，需要實際去做些功課，上網爬文看看其他人的分享只是初步對學校的認識；透過學校的網站，觀看一下平時老師的上課內容及活動也會有所幫助。當然最理想的狀況，就是直接去找園長聊聊，談話中可以清楚知道校方的理念，他們在乎的是什麼、花時間在什麼教學上、希望家長能做到什麼等。如果還想進一步了解，家長可以與校方溝通，看看是否有機會可以入班參觀或試讀。在這裡提醒家長，每間學校的教學理念都有所不同，沒有所謂的哪種「絕對」是最好、最重要的，爸媽反而要問問哪一種是自己能接受且符合自己理念的，有了共同的理念，在教導孩子的這條道路上，才能與老師一起共同合作。

問題2：師資及與特殊兒的相處經驗

前面已經提過我對於師資的重視，當然我們也聽過有專業背景的老師不一定有愛心、有愛心的老師不一定專業，但是當還不能判斷老師是不是真的對孩子用心、有愛心前，我認為合格師資是選擇老師時最基礎的條件，至少在教學上有一定的品質，對幼兒的整體發展也較有認識。關於師資方面的問題，家長在與園所溝通時，除了詢問老師的背景之外，也可以多了解老師任職時間的長短，或是否進修過特教相關的學分課程。這個問題很重要，因為有些老師很少接觸特殊兒童，如果他們又沒有合格的教師執照，就更不知道該如何引導我們的孩子。有些老師很用心，知道自己的不足，同時因為在工作上也正好有這樣的需求，於是會積極進修特教相關的課程，有學習就能增進對特殊兒的認識，這樣多多少少對我們的孩子也有幫助。

另一個也很重要的問題，是要問清楚老師是否有與特殊兒相處的經驗，有無這方面的經驗是很值得考慮的關鍵。我們都知道我們的孩子不好教，除了在學習上速度緩慢、需要大量的協助以外，還會不時有情緒或行為問題，如果沒有接觸過特殊孩子，在相處上一定會出現問題。好比我們有很多高功能自閉症的孩子，在學習上沒問題，看起來跟一般孩子也沒有太大的差異，但是他們卻缺乏人際互動的技巧，經常惹毛同學和老師。如果老師不清楚這其實是孩子的特質，對待他就如對待一般孩子一樣，那麼就有可能在孩子的心理層面造成陰影。所以家長必須多詢問校方對於特殊兒的認識，是否曾經接觸過？當面對特殊兒時，如果遇到自己無法處理的時候，園所是否有資源可以協助老師？這些資源又會是誰？

從校方舉出的例子當中，大概可以知道老師對待特殊兒童的方式與態度。

擦了半年桌子

慧慧是個泛自閉症的孩子，特質很明顯，不會主動與人互動，對自己不感興趣的事物也缺乏專注力。半年前慧慧的媽媽幫她找到一間幼兒園，這間幼兒園是出了名的好學校，老師都很好也很有耐心，對特殊兒童也很包容，媽媽認為自己找到寶，每天都開心地送孩子上學去。

半年過去了，這期間媽媽一直都與老師保持良好的溝通，也從慧慧的正向情緒表現中，猜測她在學校應該適應得很好，直到有一天媽媽忘了幫她準備水壺，送去學校時，發現班上的同學都圍在老師面前聽老師說故事，慧慧卻在教室的另一頭拿著菜瓜布擦桌子，一邊擦一邊笑，看似很開心地重複做同一個動作。媽媽問老師，慧慧為什麼沒有跟大家一起聽故事、她擦桌子又擦了多久？老師的回應是他們尊重孩子為主體，如果她選擇擦桌子，就要尊重她的想法，也因為學校老師的理念就是重視她的人權，所以慧慧這樣的行為已經持續快六個月，只要老師不刻意阻止或引導她，慧慧都可以自己在一旁擦桌子擦上好幾個小時。

如果對自閉症兒有一定的認識，那麼就會清楚慧慧的這個行為，與自我刺激或是固著行為相關，這時候要優先考量的不是要選擇「尊重」她，而是能辨識出這些行為可能會影響慧慧的學習、干擾到她在教室活動上的參與，並拿捏在什麼時機點適當引導，才不會浪費了孩子的學習時間。換句話說，老師對孩子行為的辨識度很重要，怎麼解讀孩子的行為會直接影響老師採取的方式。

問題3：對於行為問題的處理方式

我們的孩子多少都會出現一些行為問題，就連一般發展的兒童也會，但是每位老師對這些行為的解讀方式不同。有些老師輕鬆看待孩子，認為這只是孩子成長的必經過程；也有一些老師會仔細觀察孩子的狀況，耐心地找出原因，再盡可能幫助孩子。當然也會有一些處理不當的例子，好比嚴厲的處罰，像是把孩子關在一個房間、一次把孩子隔離半個到一個小時、不讓孩子上廁所等。我建議家長在與校方討論時，多詢問管教方式，了解老師在什麼情況下會管教、處罰，以及程序是什麼。好比當學生被隔離時，是在哪裡被隔離？隔離時老師會陪在身旁還是讓孩子自己一個人？時間又是多長？我們要多聽這些訊息也要多消化，想想看這些方式自己是否能接受，或是與自己的管教方式相不相符。我們發現，老師在面對孩子的行為問題時，是採用什麼方式處理，對孩子的發展和後續的學習有絕對的關係。

我們不能倚賴老師對每個孩子都能深入了解，只能靠家長在入學前先詢問校方對於行為問題的處理方式，透過父母自己對孩子的觀察，再去判斷這些方式是否會帶給孩子負面的影響。

那一間黑黑的恐怖房間

幼兒園裡的芬芬老師有一個她很重視的原則，就是在上課的時候，如果小朋友的行為影響別人、在老師勸說下還不改善，就會被老師帶到一個房間去「休息」，也就是我們常聽到的「隔離」。在國外，以正確使用隔離的方法來看，隔離的定義是中斷任何孩子喜歡的事物或活動，如果要把孩子帶開，通常會建議帶到教室角落，讓孩子還是能持續觀察上課的流程，只是不能參與。這樣的做法是考量到孩子的學習，不要因為隔離而喪失學習的權益。另外，隔離的時間也是個關鍵，時間拉得越長就越沒有效用，所以通常都是在幾分鐘之內，就讓孩子能再回到他的座位上，與同學一起上課。

有一回，班上的小杰在上課的時候開始搗蛋，老師看到其他的孩子被受干擾，一起跟著小杰起鬨，為了掌控秩序，芬芬老師只好帶小杰到「隔離房間」去休息。這間隔離房間其實是間小教室，但是沒有燈光，黑黑的房間讓小杰非常害怕，他開始大哭了起來，直到老師來接他回教室，情緒才平復下來。當天晚上回家，小杰媽媽發現小杰不敢自己進房間，就連睡覺時也不願意關燈，一關燈就開始大哭。媽媽隔天抱著疑惑去詢問老師，芬芬老師才解說了當天發生的事件，並解釋這麼做的原因，是因為這個方法對其他孩子很管用，是他們校方在孩子出現行為問題時，每位老師都會一致性採取的處理方式。

這個例子告訴我們，每個孩子對懲罰的反應不一樣，如果運用不當，很可能就會引發其他的副作用。就像在小杰身上，在事件發生後，他有好長一段時間對密閉空間和關燈都產生恐懼感，讓媽媽很困擾也很心疼，卻又不知道該如何幫助他。

問題4：申請資源的意願

在私立幼兒園裡，詢問園所願不願意幫孩子申請資源，像是陪讀或是巡迴輔導老師，並不代表家長一定要申請這些資源，家長是有選擇權的，可以等到覺得有需要再申請。雖然決定權是在家長手上，請家長提出這個問題，其實是有好處的，家長可以從詢問中得知園所對於特教資源的看法，他們是歡迎、還是排斥？事實上，不是大家都歡迎政府所提供的資源。對有些園所的老師來說，在教室裡多了個「外人」，總是會讓人覺得綁手綁腳的，想要依照自己的理念來教孩子，還會擔心這位外人是否會干預太多，沒有幫助反而給自己帶來更多的困擾。

如果以考量孩子的利益來看，願意接受特教資源的學校，大多數是以對孩子好為出發點，他們願意敞開心胸，學習如何教導特殊兒，同時願意接受幫助，目的就是為了不要耽誤孩子。總之，為孩子著想這樣的觀念絕對對我們孩子有利。另一方面，除了園所對於資源的看法及態度以外，在得知園所其實是有意願的情況下，家長能在心裡多個備案，也就是說，倘若孩子真的在學習上有困難，或是行為問題讓老師無法處理，這時候能申請一些資源來協助老師，減輕老師的負擔。我想，令我們最擔憂的，就是那些不懂得如何教育我們孩子又不願意接受資源的園所，這對孩子的權益會是一大傷害。

問題5：與家長合作的模式

爸媽一定要做好心理準備呀！當孩子進入了幼兒園的體系，以往跟治療師的互動模式都要拋在腦後，那些可以跟你暢談孩子狀況的奢華時間已經不再，千萬別期待幼兒園的老師能每天花長時間跟你聊孩子、報告孩子的進度。我這樣說，是因為曾經就有好幾位媽媽來找我聊天，他們抱怨幼兒園的老師給家長會談的時間很少，平常已經習慣在療育課程之後，每次都能與治療師花個二、三十分鐘討論，現在進了幼兒園還要特別預約時間才可以深入討論，真的讓他們很不適應也很心慌。

在這裡我必須提醒家長，幼兒園本身就不是療育課，學校能提供的協助無法像接受療育時的品質。因為幼兒園的屬性本來就不是個別化的，老師有整個班級需要經營，另外還有校務要處理。當我們選擇進幼兒園就要接受這個事實，做好心理準備並學習調適這新的變化，重新建立與老師合作的新模式。雖然家長與老師溝通機會並不是常態性的，但是爸媽還是需要詢問校方關於親師溝通的頻率、是否可以定期討論？當孩子遇到問題可能有什麼合作方案？以及學校希望家長參與的程度等，從這些提問中，不僅能更了解園所的價值觀，同時也能讓園所更認識你的需求。

參觀幼兒園

溝通是認識學校的第一步，不過它只是一個層面，除了聽到一些訊息之外，我們都希望實際看到的就如校方所說的那樣，差異不要太大就好，因此參觀上課情形就是一個可以讓家長深入了解學校的指標。家長是否能參觀必須先與老師溝通過，內容可以包括觀察的時間長短、想看到的教學項目等，並要在取得老師同意的情況下再進行，千萬不要勉強。當然，如果校方不願意讓家長參觀，這也是要仔細考慮的一個環節，不願意的原因是什麼？我個人對於不願意讓家長參觀的學校，感到非常質疑，究竟有什麼是怕人看到的？如果環境、教學真的那麼好，我想應該會巴不得讓所有人都看到吧！除非，校方有其他的考量，像是其他孩子的隱私權、怕干擾上課等，這些顧慮如果找到一個可以妥協的方法，還是有可能進行的。

參觀時，家長可以不必帶著孩子，因為你的目的並不是試讀，而是先看看老師上課的方式、跟其他小朋友相處的模式、老師都在教些什麼內容，從觀察中感受一下學校的氛圍。有些班級上，會有幾位老師同時參與教學，如果園所同意，盡量把握機會觀察老師的教學方式和觀念，是否都能盡量保持一致，教育方式不會差異太大等。

要試讀嗎？

你知道自己要讓孩子試讀的目的是什麼嗎？有些家長的目的是想看看孩子在學校的狀況、適應得如何，也有些家長其實還沒決定要不要選擇這個園所，所以想深入到幼兒園裡，藉由試讀名義來觀察幼兒園的實際狀況。無論試讀的目的是什麼，都應該要注意以下幾點狀況：第一，先不要心急地要求孩子要做到跟其他孩子一樣的表現，給孩子一點時間暖身，讓他先熟悉新環境，再引導他參與活動。另一個建議就是，在試讀的期間，以不干擾老師的教學、其他小朋友為前提，就算孩子來找你，也避免與孩子互動，不然孩子會一直依賴你，很難與老師建立關係。

最後一個建議，就是對於試讀要保持一個正確的心態，也就是要清楚知道，短短的試讀並看不出什麼效果，不要預期在這幾天裡就看得到孩子學會什麼，更不要以「孩子開不開心」作為你決定的一個指標。我們要知道，有很多孩子是第一次接觸這種環境，沒有顯現出開心的情緒是很正常的事。另外，如果你的孩子是屬於適應力弱的孩子，他的哭鬧也不代表這個園所不適合他，所以在試讀前，家長要清楚試讀的目的，不要因為情緒而模糊了焦點。

親自了解再決定

有這麼多的選項，到底該選哪一種？曾經有很多家長問我：「袁博士，你也有小孩，你是怎麼幫他選幼兒園的啊？」其實我很幸運，有一次正好一間公立的幼兒園邀請我去演講，過程中認識了園長，跟他聊過後，我很認同園長的教育理念及引導孩子的方式，特別是他們注重品格教育勝於學業上的學習，於是我很快就做了決定。直到現在，兒子已經在那所幼兒園就讀快三年，這幾年來我很慶幸做了這個決定，老師的用心可以看得出來，他們花心思去了解孩子，也在兒子的成長過程中，扮演了很重要的角色。我的孩子喜歡上學，我也全然地信任學校的老師，這對我來說比什麼學習都還重要！

因此，無論是哪種幼兒園，不管是哪種理念，我認為「老師」才是最重要的，因為他們才是關鍵人物，所以爸媽務必要親自去跟老師聊聊，除了了解他們的教學理念外，還可以進一步了解老師的觀念、對孩子的看法。有時候我會建議家長把自己孩子常發生的問題丟給老師，特別是當孩子出現惱人行為時，聽聽看他們會如何處理，從中觀察老師的想法與處理方式。

另一個需要實際了解的問題，是幼兒園老師對孩子接受療育課程的看法。我曾聽過很多的家長向我說，幼兒園的老師提到，孩子只在學校上幾天課、其他時間去上療育課，會對孩子不好，他們認為這樣會讓孩子感到混淆、難以適應，甚至很難跟班上的同學建立友誼或互相學習。因此他們會建議家長以學校的課程為重，嘗試說服家長放棄療育。大部分這樣的建議並不適當而且很危險，因為除非孩子真的已經有足夠的能力，能有效率地在學校自動學習，不然荒廢了孩子進行療育的黃金時期，其實是下了一個很大的賭注。如果結果並不是家長所預期的，想回頭都難，在做這樣的決定前，一定要經過審慎的評估。

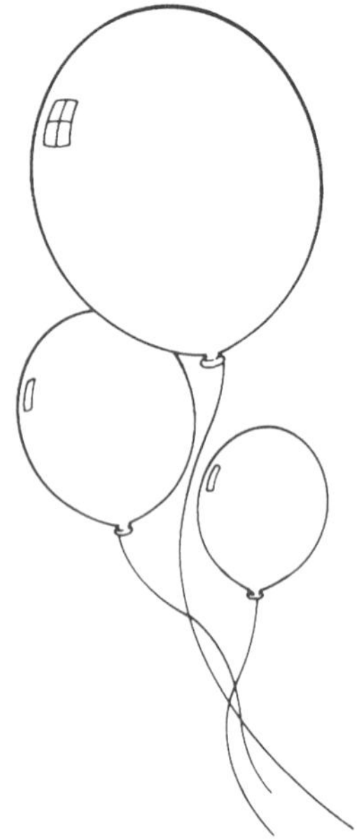

3

入學前要做的準備

孩子要去上幼兒園，就像是要踏入人生的另一個階段，不僅是孩子，我們做父母的也是，在孩子的成長過程中，常常都有新的挑戰在前面等著。我們對於幫孩子做的選擇，因為無法預測會發生什麼事，心裡總是感到不踏實，深怕一不小心做錯了決定，還要煩惱孩子在學校不適應、出現狀況。我們常有一些複雜的情緒，一方面會擔憂，另一方面看著孩子長大、要離開我們進入學校了，又是件多麼讓人喜悅的事。

一個媽媽的體驗

身為媽媽，我能了解父母的心情與擔憂。我的兒子 Aidan 從小就在我服務的「芙爾德早療教育中心」跟我一起上班，他有自己專屬的課程，雖然他是一般發展的孩子，我還是讓他跟著其他發展遲緩的孩子一起上課，目的是希望他能學習同理、幫助別人。一直到他三歲，當他的能力已經超越了其他的孩子，那時我覺得該是時候讓他進入幼兒園了，於是就幫兒子做了安排。

爸媽跟孩子都需要適應

雖然他已有「上學」的經驗，對於幼兒園的環境並不會不熟悉，但是畢竟入學後真的要與我分開，對他來說確實是一個新的體驗。因此，早在開學的半個月前，我們就開始幫 Aidan 做心理建設，一點一滴地告訴他上學會是件多麼好玩的事，他會交到很多好朋友（這是他非常渴望的），有多少很酷的玩具等著他去玩，跟他一起準備上課要帶的用品，帶他去學校參觀。

第一天入學，我認為校方的理念很好，他們讓家長帶著孩子去學校認識老師和環境，還安排了闖關的活動，得到印章後還能領回一個精緻的餐盒，我想公立學校能做到這樣用心已經很不錯了！正式上課那天，帶 Aidan 去學校，他可能還沒搞清楚狀況，所以當天也沒什麼哭鬧，但是第二天開始就意識到上學會跟爸媽分開，開始出現一點分離焦慮的狀況。接下來就開始抗拒上學，說什麼不要我們離開他、學校好可怕等等。而每當我帶他去學校時，就開始上演依依不捨的劇情，不是在馬路上大叫說不要上課，就是苦苦地哀求我，到了學校還把拿出來放好的水壺再放回書包裡。那時候我只好一直提醒自己要離開，不要再繼續影響他的情緒。

我學會這樣提醒自己，是因為曾經目睹很多我教過的學生，他們都經歷類似的狀況。當孩子到了一個新環境難免都要時間適應，而每個人的適應期都不一樣，有些孩子哭一兩天就好，也有一些孩子要哭上一兩個月。另一方面，做父母的其實也有適應期，大多數是跟孩子的情緒有關，如果孩子情緒穩定，家長就適應得快，但是如果孩子哭鬧，家長的情緒也會被牽動。

學會堅強

當我是老師，站在另一個角度時，我常常會發現有一個現象，那就是通常家長的心臟都不夠強，只要孩子哭鬧，爸媽就趕來安撫。本來可以在短時間可以說掰掰的，到最後又延長了三分鐘、五分鐘、十分鐘，拖得越久，陣痛期就會越久。我曾經遇過一位家長，深怕孩子有創傷，於是在教室裡陪他上課上了六個月，其實孩子是可以適應的，只是媽媽低估了孩子的能力，不願意放手。另外幾個我帶的學生，狀況比較不一樣，他們是哭給媽媽看，媽媽在時哭個稀里嘩啦，媽媽一離開孩子轉身就不哭了，他們真的是一流的演員啊！

拉回來身為一位媽媽的角色，我雖然會心疼也要學會堅強，除了不斷地提醒自己以外，我繼續跟兒子討論上課的好處。不過我發現要是我把他納入話題，他的焦慮感會越重，於是我利用了故事書來引導他從不同的角度來看待上學這件事。有一次我選了一本繪本，是【母雞奶奶晚安故事】系列裡的《不上學的小斑馬》，故事裡的小斑馬拒絕上課，黑豹發現他很多事都不會，差點要把他吃掉，Aidan 聽得入神，講完一遍還要再聽一遍。我看到他那在思考的表情，希望他能消化一些內容，反映在自己身上。

果真，才過了一個星期，Aidan 慢慢地開始從不哭到告訴我他喜歡上學，還說他交了兩個新朋友！我在想，身為父母的真的有很多做不完的功課和學不完的事，要一步一步完成，才能跟上孩子的腳步。但是有一件事我確信，就是不要低估了孩子的能力，放手讓孩子適應，陪伴他一起面對，才是我們該做的事。

那麼，到底有哪些事是家長可以幫忙的？能夠協助孩子在進入學校前先做好準備，讓他更能適應新環境？我在這裡分享四大面向，提供給家長作為參考：第一是針對孩子心理、情緒層面的準備，另外是關於孩子在能力上可以做的準備，還有幫孩子愛上學習的小技巧，這些都是不需要花太多力氣、又容易執行的，最後，家長自己本身也要做一些心理準備，畢竟這對父母來說也是需要調適的。請記得在努力的同時，還要體認到：儘管我們該做的都做了、該說的都說了，儘管想得再周全、準備得再完善，也不可能做出萬無一失的規劃。我們要不斷地提醒自己，只要盡力就好。

幫孩子在心理、情緒上做好準備

爸爸媽媽可以假想一下，如果今天換做是自己，剛搬到了一個新的國家，而那個國家的文化、食物都不是我們熟悉的，身邊不但沒有認識的人，其他人說的話我們也都聽不懂，這時候心裡是不是會感到有點不安、害怕？孩子也是一樣，當他離開了原本的舒適圈、到了一個陌生的地方，單單這些不同的環境刺激，對孩子來說就是生活上的一大改變，這也難怪大部分的孩子在入學時都會有不安的情緒。這時候就需要爸媽提前為孩子做好一些準備，才能讓孩子抱著期待及愉快的心情跨進教室的大門。

利用熟悉感減低焦慮與排斥

◆預告+看書

預告對很多孩子來說，是一種讓他們可以做好心理準備的有效方法。在一邊為孩子找幼兒園的時候，爸媽就可以開始陸陸續續幫他們灌輸一些上學的概念，讓孩子先從「聽」的，來認識幼兒園的日常活動、老師的角色以及與同學之間可以做的事情。

透過「聽」來認識幼兒園以外，還要給孩子一個「畫面」，印象才會更深刻。坊間有很多特別為上學做好準備的相關繪本，內容呈現了一般上課的情境，像是老師要求小朋友要做的事，或是小朋友在學校可能會發生的事，都是以輕鬆、有趣的畫面來減低孩子對上學的焦慮情緒。

預告雖然是可以幫助孩子做好心理準備的方法，但是在執行時必須拿捏好，不要過度使用。我就曾經認識幾位家長常常運用「預告」，以為多預告對孩子會有幫助，沒想到造成了反效果，特別是對於那些平時就容易焦慮的孩子，無時無刻被家長提醒將要上學，反而會讓孩子更焦慮。

◆讓我們來角色扮演

除了上述的「畫面」以外，還有一個可以讓孩子對學校印象更深刻的方法，就是讓他體驗上學的感覺與氛圍。這裡分享一種遊戲，就是透過角色扮演的方式，讓孩子玩遊戲的時候，接觸在教室裡有可能會發生的情境。爸爸媽媽不需要把這個活動想得太嚴肅，其實只要運用孩子現有的玩偶（當班上的同學）、桌椅、畫板，就可以營造出班級上課的場景；孩子可以當學生，也可以當老師，把在親子共讀的上課情境演出來，用輕鬆的方式讓孩子融入在情境裡。從整理書包、圍坐著聽故事、跟同學一起玩、到最後下課跟老師說掰掰，這些活動都能讓孩子更容易理解「上學」的意思，對於要上學的概念也較能接受。

◆熟悉環境及老師

新環境對很多孩子而言都是一大挑戰，很多小朋友一到新環境就會不安，拒絕接受、開始鬧脾氣。這些新環境有孩子不熟悉的人與事物，是孩子跨出第一步的阻礙。如果園所同意，在還沒入學前可以先安排時間讓孩子去學校玩，像是下課前的自由活動時間，或是小朋友在等待家長來接的時間，都可以讓孩子進入園所熟悉環境、認識老師及同學。適應新環境需要幾次的練習，一開始不必太密集，重點是每次去都要盡量營造好的經驗，讓孩子帶著快樂的心情離開。

◆先有一兩個好朋友

就像有些孩子喜歡帶著自己的小被被、布偶一樣，孩子都喜歡一些可以安撫情緒的小物或是熟悉的人，來帶給自己安全感。套用這個概念，我們可以在孩子入學前，就先幫孩子「找個」好朋友。這位好朋友在學校出現時，他的「功能」就會像安撫小被被一樣，帶給孩子一些安全感。

我知道這是理想化的情況，但是卻真的發生在一些家長身上。有些家長平時會帶孩子參加學校附近的活動，認識了其他也要上幼兒園的家長，於是常常邀約一起聚會，小朋友們也變成了好朋友；還有一些例子，是家長在參觀學校環境的時候，跟其他家長聊了起來，之後又約了幾個遊戲聚會，讓小朋友們玩在一起。如果有這樣的機會能認識同學，先建立友誼，就算上學的環境是新環境，至少能看到熟悉的臉孔、朋友的陪伴，多少也能給孩子一些安全感。

感興趣的事物可以增添期待

◆一起去買上學用具

不知道大家是否看過類似的場景：一個不愛吃飯的小孩，當飯碗換成他最愛的卡通人物飯碗時，那碗飯就變得讓人食慾大增，小孩竟然能夠自己努力把飯吃完！有時候，一些小物件能散發出一種魔力，在不需要特別求孩子的情況下，孩子就能自動自發，讓我們做父母的感到驚喜。幫孩子做好上學的心理準備也可以運用相同的概念，帶孩子一起去挑選上學需要的用品，例如書包、水壺、睡袋等，孩子愈喜歡這些物品，就會愈期待在學校使用。

◆對學校有期待

大部分的孩子都不太喜歡上學，就像大多數的大人都不喜歡上班一樣，有這樣的心情其實很正常。讓孩子願意去上學的方法之一，就是讓他對學校有期待。家長可以多詢問老師在學校會做的活動，如果是前一天知道活動的內容，就可以在上學的前一晚告訴小朋友。當然不是每個活動都需要告訴孩子，而是挑選出孩子可能會有興趣的來描述，讓他期待隔天上學就可以參加喜歡的活動。另外，有些學校會在特定時間讓孩子帶自己的玩具來分享。在上學的前一天晚上，陪孩子挑出他想要分享的玩具，示範如何描述這個玩具的功能、或是創造新的玩法，給孩子另一個去學校的期待。

調整生活作習，減少不必要的情緒

在上課的兩週前，必須要開始調整孩子的生活作息，也就是練習上學的作息。很多孩子晚睡、晚起，如果沒調整好，你只會在早上看到一個發脾氣的小孩，把情緒加到上學這件事上，到時候只會延宕，把情緒帶去學校，影響學習效果。除了睡眠需要調整，還要調整其他的習慣，一個很重要的關鍵要記得，就是早上的情緒很重要，因為它會直接影響接下來一天的情緒，所以要避免匆忙、責罵。

我看過很多造成孩子早上有情緒的原因，都是因為時間太匆忙，不是孩子為了挑一件衣服搖擺不定、書包還沒準備好，就是吃早餐時拖拖拉拉，搞得爸媽心急，難免就會忍不住責罵，孩子也就帶著這種不好的心情去上學。想要避免這些不必要的情緒，在前一天的晚上就要做好準備，除了衣物要準備好之外，做早餐和吃早餐的時間也要先設想好，盡量不要選擇孩子可能拒吃的食物，也避免那些有可能觸發情緒的事物。

幫孩子在基本能力上做好準備

如果已經接受診斷的孩子，相信家長早已為孩子安排了療育課程，正在花心思和金錢為孩子的能力提升做努力。這些能力對孩子個人的發展來說的確有幫助，但是學會的這些技能，是否真的可以用在學校裡，要看孩子有沒有足夠的類化能力。類化能力，指的是孩子能把他學會的技能用在不同的情境裡，當換了人、換了教材和場地，他一樣能把能力展現出來。我們很多的孩子都缺乏類化能力，也就是說就算療育課上得再多、時間排得再滿，能把這些學到的運用在自然情境裡的孩子還是占少數。

正因為我們大部分孩子都不擅長類化，家長就必須要有個概念，除了在療育課程要繼續加強孩子的個別能力外，另外還要為入學前所需的基本能力做打算。有些能力是家長可以先在家裡幫忙孩子建立的，而且只有家長能做得到。這些能力只要事先培養好，上學之後就會比較容易進入狀況，也可以減低孩子在學校的挫敗感。這些在家裡就可以練習的能力，愈早開始訓練愈好，至少在要上學的半年前就應該逐步進行。

生活方面的能力

◆自理能力

自理能力包括如廁、用餐具進食等，其實一般幼兒園的老師都願意教導，但是要記得，教室裡的孩子很多，老師很難隨時隨地顧及每個孩子。這也是為什麼孩子需要在家先練習一些基礎的自理能力，就算還是需要大人協助，至少他能在老師忙碌時，有一些獨立的能力可以自己做一些簡單的事情。

在幼兒園裡，孩子需要不同的自理能力，但是比較棘手的，通常就是如廁及吃飯。我們的孩子學習如廁是一項大工程，除了在練習上花的時間要比其他的孩子還要來得長以外，很多孩子就算練成了也不願意使用外面的廁所。這種狀況如果在幼兒園發生，孩子就有可能憋上好一段時間。因此，在入學前提早幫孩子做好如廁訓練，也讓孩子習慣在家以外、公共場合的馬桶上廁所，去了幼兒園比較不會排斥。

◆願意嘗試新食物

吃飯也是很多讓家長困擾的問題，小朋友都有自己喜歡的食物及口味，撇開那些本身就會挑食的孩子來說，很多我們的孩子不只是有自己偏好的食物，有些還會特別固著在烹調上的方式、食物的口感。在家裡家長很容易滿足孩子，但是在學校就沒這麼方便了。在學校大家吃的都一樣，沒辦法客製化，所以如果不要孩子餓肚子，就只能讓孩子練習接觸不同的食物、不同的烹調方式，家長不需要給自己壓力學習新的烹飪技術，直接到外面去用餐，鼓勵孩子嘗試新的食物就可以了！

專注力

在學校裡，老師在教學過程中一定會設計一些要讓孩子自己獨立完成的活動，例如學習單或是勞作，部分時間老師會引導、部分時間交給孩子自己做。這些活動大多數都是要坐在桌子旁進行，小朋友不僅要理解該怎麼做以外，還要能專注，自己獨立並持續地把任務做完。

在家中，家長也可以設計一些簡單的活動讓孩子能學習專注、學習持續做一件事情。選擇一些可以動手操作的活動，孩子比較能定得下來，比如拼圖、串珠、黏土或畫畫等，是簡單又稍微帶點挑戰性的。盡量讓孩子在沒有大人的協助下獨立操作，必要時再教孩子如何向大人尋求協助。另外，在完成之後，孩子也需要學習如何收拾，練習在學校中也會發生的情境。

一開始練習的時候不要太心急，建議家長要在一旁陪伴，但避免太多的干預，而是盡量讓孩子學習自己動手做。先以一項活動為主，當孩子能自己完成一個活動後，再漸進式地加入另一個活動，活動與活動之間不要間隔太長的時間，目的是慢慢拉長專注與持續的時間。一般正常發展的學齡前孩子，可以持續進行一個活動差不多二十到三十分鐘左右，而我們的孩子也可以朝這個方向努力。這項能力就像所有的能力一樣，練習的次數愈多，就能做得愈好。家長每天只需要營造這個情境，讓孩子練習幾分鐘，透過長期的累積，你會看到孩子的穩定度變高，做一件事情的獨立性也能提升。

加入團體所需的能力

◆參加團體課程或活動

很多家長在孩子上的療育課以外，也會讓孩子接觸一些才藝班或是其他短期的課程，像是體能課、故事課、積木課、音樂課等。這些課程很像幼兒園的迷你版，通常都是好幾個小朋友一起上課，班上可能只有一個老師或是另外包括一位助教，教學內容會有特定的主題，老師會在課程中示範、發號施令，然後給孩子機會去參與團體或個別活動。

這種課程的好處是時間短、夠精緻，家長又可以在旁觀看孩子的學習狀況及反應，這個時候是可以看出孩子在團體學習中表現的最好時機。如果你發現孩子在上團體課時，到處遊走、無法參與課程內容或模仿其他小朋友，這會是一個指標，它意味著孩子可能缺乏這方面的能力，也告訴了你要多給孩子這一類的機會、多上一些團體課讓他去練習。

這些短期課程的另一個好處是，家長可以陪同上課，也就是在必要時，家長可以協助。千萬別依賴這些課程的老師幫你教育孩子，畢竟他們不是幼兒園的老師，對孩子沒有「教育」的責任，只需要把自己的教學內容教好就好。因此你需要把自己當作是個陪讀的角色，在旁引導孩子聆聽老師的指令、觀察同學都在做些什麼，以及參與團體活動，把這上課情境當作是給孩子暖身的地方。

◆學習規範

小朋友在學校裡都需要學習教室裡的規範，這些規範雖然很難在家中複製，但是其實規範到處都可以學習，把一些基本的規範學起來，可以幫助孩子更順利地融入學校生活。

在這裡，我要提醒家長開始多觀察我們周遭的環境，想想看有哪一些在生活中遇到的狀況，是可以讓孩子練習認識規範，而且又可能會在學校出現的。好比我們帶孩子去公園玩，一定會看到小朋友要排隊輪流盪鞦韆、溜滑梯；或是到了餐廳，大家都是坐在椅子上用餐；又或者是到親戚朋友家，一定要先問過別人、經過別人的允許後才能拿別人的東西等。這一些生活中常遇到的事，都是孩子寶貴的練習機會。

◆與小朋友接觸、玩、學習輪流

對家長來說去幼兒園的一大誘因，就是能和一般發展的孩子玩在一起，但是我們的孩子不太會「玩」，就算對其他孩子有興趣，也不知道如何跟小朋友互動。家長千萬別認為把孩子放在幼兒園，孩子就會「自動」跟別人一起玩，這個「玩」的能力，也是要學、要練習的。多帶孩子去有其他孩子的場所，像是公園、遊樂場或親子館，讓他先接觸有很多孩子同時在一個空間的刺激，另外還可以在其他地點安排只跟一、兩個孩子在一起玩的機會，營造不同玩遊戲的方式，從快樂的氣氛中學習輪流。

另外要注意的是，有些孩子不太會主動接觸我們的孩子，雖然我們把孩子帶到了這個環境，但是很有可能會需要運用一些技巧，才能讓其他的孩子願意跟我們的孩子玩在一起。「營造正向互動經驗」是非常重要的關鍵，爸媽可以盡量在遊戲的過程中營造歡樂及正向的氣氛，並別忘了多多稱讚願意來陪孩子玩的小朋友。

如果對方的家長允許，有時候可以運用一些小貼紙、小點心來謝謝這些同伴。大家請別誤會我們的用意，這樣做並不是要賄賂他們，這樣做是有道理的。我們來一起想想看，一般的孩子本來就不太願意跟我們的孩子玩，他寧願去找他有興趣的朋友玩，但在這時候，如果我們還要求他要跟孩子玩，他不但意願低，還可能會更反感，進而產生對孩子的負面情緒，這是很不值得的。運用一些小獎賞或稱讚只是鼓勵同伴做的努力，開啟願意互動的鑰匙而已。事實上，很多的孩子到最後完全都不需要那些獎賞，曾經就有個孩子對我說：「老師，我好喜歡跟小明玩！」也不再找我拿小禮物了。

讓孩子愛上學習的小技巧

除了幫孩子建立一些入學的先備能力以外，我們還可以在家中營造一些家裡可以學習的機會，激發孩子的好奇心與學習動機，這樣在入學時，孩子比較會對老師的教學產生興趣。當然也有一些孩子會有他自己的喜好與固著的事物，如果孩子的性格不太喜歡變化或是嘗試新事物，在家中的學習內容就需要常變化。儘管不是孩子喜歡的，也要鼓勵孩子多做嘗試，從中增加他參與活動的動機。

建議先觀察孩子的喜好，從孩子原本的喜好延伸出其他的活動。好比說孩子喜歡火車，可以帶著孩子看關於火車的故事書，從中問一些簡單的問題；還可以依照孩子的能力來營造其他的學習情境，像是讓孩子在不同火車廂上著色（練習精細動作），每個車廂上放上不同的數字（數字概念），小朋友要按照順序排列出火車等（數字排序）。這些做法目的是要讓孩子喜歡學習，對一件事能持續地專注、參與在活動中。

時間要多長？

現代的家長都很忙，除非有幫手或是很會做時間管理，不然一般都很難安排出時間陪孩子「學習」。其實學齡前孩子每天這樣的練習時間並不需要很長，在家長的陪伴下二十到三十分鐘就已經很足夠。如果能日積月累，孩子愈能養成習慣，也愈容易適應在學校裡的生活。以下提供一些父母在家中可以跟孩子一起做的活動作為參考，給家長一個方向。這裡的重點不是這些教學的材料或步驟，而是能讓孩子先練習一些「學習技能」，先嘗試一下「學習」的感覺。不知道可以在家裡做些什麼的家長，也可從網路上或是書籍中找尋一些新點子。

認知領域

◆數量概念

材料：布丁盒中裝些小玩具或豆子、黏土、紙、筆

活動步驟：

1在每張紙上寫一個數字（可以先從1到5開始練習）。

2在每張寫好數字的紙上，先黏上一團黏土。

3家長帶著孩子對照數字，拿出相對應數量的小玩具，好比看到3就拿出3顆小玩具，再放到黏土上。

4數數加上玩小玩具，小朋友在遊戲中也可以學習數量概念。

◆事件順序

材料：繪本、繪本情境或人物的影本、圖畫紙、釘書機

活動步驟：

1 先把圖畫紙剪成一般書本大小，再用釘書機釘成像一本書。另外將繪本中比較特別的情境或是人物影印出來。

2 接著，家長與孩子一起看繪本，讓孩子熟悉故事中的情節。

3 講完故事後，把繪本合起來，拿出情境影本，和孩子輪流說故事，每人說一個情境，同時把故事裡的情境影本貼在自製的小書裡。考考自己的記憶，別把故事的順序說錯了喔！

◆分類

材料：幾個塑膠容器、動物玩具或圖卡、食物玩具或圖卡、交通工具玩具或圖卡

活動步驟：

1 先在塑膠容器外面貼上不同的類別照片，比如代表食物、動物、交通工具等類別的照片。

2 家長先示範如何將不同類別的物件分類在這些容器裡。

3 孩子可以一邊練習這些東西的名稱、一邊分類，也可以學習挑出不屬於這些類別的物件。

精細動作領域

◆貼畫

材料：不同顏色的色紙、圖畫紙、彩色筆、膠水

活動步驟：

1 家長先在圖畫紙上畫出不同的圖形，準備作為孩子的貼畫材料。

2 示範如何用手把色紙撕成小碎片，再讓小朋友將不同顏色的色紙撕成合適的大小。

3 撕完後，孩子練習使用膠水，將撕成碎片的色紙粘貼在圖畫紙上，拼湊出原來的圖形。猜猜看，貼完的成品到底是什麼東西呢？

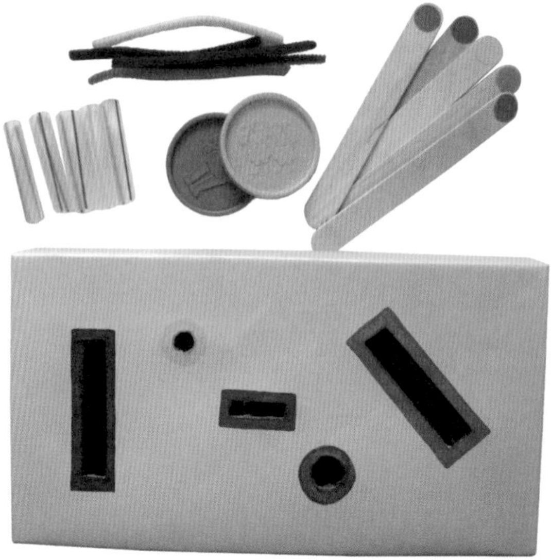

◆**插插樂**

材料：紙盒、不同尺寸吸管、冰棒棍、銅板、毛根

活動步驟：

1家長依照吸管、冰棒棍、銅板、毛根的大小，在紙盒上先用刀片戳洞，或是割出適合的形狀。

2透過將物品插入與形狀相符的洞口，小朋友可以練習抓握、手眼協調的動作，也正因為這個活動是操作性的，孩子在進行時會特別專注，主動性會比較高。

3建議一開始相同類型的物品只給幾個就好，之後數量再慢慢增加。

◆義大利麵

材料：烤肉夾、繩子、盤子、毛球或水彩顏料

活動步驟：

1帶著孩子用烤肉夾來夾麵，不是光夾麵就好，在夾緊麵條時，還要同時轉動夾子，轉過圈圈的麵就像一座山，這樣擺設出來的麵條才會好看。

2把麵條放置盤子上後，繼續用烤肉夾夾入客人想吃的配料（毛球或擠上水彩顏料），一盤香噴噴的意大利麵就完成囉！

3這個活動的材料不多，但只要加入一些想像力，孩子就會開心得玩上好久。如果家中有關於用餐的繪本，可以在講完故事後，引導孩子聯想一個用餐的情境，另外編出製作義大利麵的情節。

社交情緒領域

◆互動遊戲

如果家裡有兄弟姐妹，他們就是最好的玩伴和練習對象。互動遊戲不需要太複雜，互相踢球、輪流推車子、你追我跑等，都可以製造一些一來一往互動的機會，這些互動不需要語言上的對話，重點是能讓孩子注意到別人，與其他小朋友在一起玩有開心情緒的連結。如果孩子互動能力弱，建議家長在孩子的後方提供適切的協助，比如說球滾向孩子時，示範丟球的樣子，記得不要協助太多或給予太多口頭的指令，以免減低孩子想要與人互動的動機。

◆假想遊戲

在幼兒園的自由活動時間裡，最常見的就是幾個孩子在一起玩假想遊戲，小女生玩扮家家酒、當公主，小男生就是假裝誰是英雄或壞人，他們會拿道具來「假裝」，還會編出令人驚奇的故事情節。對一般發展的兒童來說，假想遊戲是自然就會發展出的階段，但是對許多的特殊兒童來說，是無法自己發展出來，而需要另外教導的。

家長在家裡可以多營造一些假想性的遊戲，在孩子會自己假想前，他們要先學會模仿家長的假想活動，比如假裝拿梳子當成電話、紙箱當汽車、長氣球可以當成香腸等，都讓孩子看著爸媽玩，一起跟著模仿。當孩子能將一些物品假想成其他的物品時，還可以加入人偶來做角色扮演，透過這些人偶，小朋友還可以學習從別人的角度去看事情，也有機會學習透過這些人偶來表達自己的感受與想法。

◆桌遊

桌遊的類型非常多，從很簡單的到很複雜的都有，但是不必為桌遊的難度而受限制，只要動動頭腦，就可以簡化或變化遊戲，配合孩子的能力來玩。我之所以建議桌遊，是因為桌遊有些好處，其中一個是它可以成為小朋友之間互動的媒介，讓孩子們能共同玩一個遊戲。桌遊的另一個好處是結構化，有明確的規則以外，小朋友在遊戲中需要重複做一些動作才能進行下去。這種重複性可以讓孩子有多一些的練習機會，好比有些遊戲需要輪流抽卡片，每個人玩完一輪後又會再輪一次，而每次在練習輪流的時候，家長都可以引導孩子注意其他孩子的動作，學習觀察什麼時候才輪到自己。

桌遊還可以提供一些學習社交技巧的機會，比如說在遊戲時，孩子可以針對他們都在體驗的事物互相對話。這個情境是相當自然的，加上又針對同一個主題，孩子就可以練習以平常接觸不到的事物來與他人聊天，擴展話題的內容。遊戲玩到最後總有輸贏，這也是讓孩子練習面對輸與贏的機會，對於平時「輸不起」的孩子，在這個時候就可以教他面對「輸」的方法。

家長自己的心理準備

除了孩子需要做準備，家長也需要做好準備，特別是在情緒方面，要記住，你的情緒會影響孩子的情緒。再小的孩子也能感受到父母的情緒，如果父母是放鬆的，說話的語氣或是肢體語言都能讓孩子感到安心。所以記得在離別時，避免製造緊張的氣氛，更不能讓孩子看到你的不安或是情緒比孩子還強烈。有時候孩子的適應能力並不差，父母卻以為是孩子不能適應，事實上，他們的反應是受到大人的情緒所牽動。

不哭、不表現焦慮

第一次送孩子上學，難免會難過、緊張、擔心。雖然有這些情緒是正常的，但是切記要好好把它隱藏起來，別讓孩子看到你脆弱的一面。特別是在他已經有情緒時，不要讓他感受到你的焦慮，反而要表現出冷靜、正向的情緒。你的情緒會慢慢感染孩子，也許不是當下，但我相信一定能有正面的作用。送孩子上學，向他說「掰掰」的時候，記得給孩子一個擁抱及微笑吧！

學會放手

家長帶孩子入校園後，一旦離開就離開，不要再回頭。長痛不如短痛，這句話很適合用在分離這件事上。想想當孩子一看到媽媽離開而開始焦慮、難過，這時候如果媽媽捨不得而又再度出現，只會挑起孩子更多的情緒，因為他要再一次經歷分離。建議爸爸媽媽一旦跨出門，就別再回頭去刺激孩子囉！學會放手，放給老師，相信老師都已有無數的經驗，就讓他們處理吧！

找事情來做

孩子通常是很多家庭主婦的重心，以往每天的作息都是環繞在孩子身上，現在孩子突然不在身邊，好像生活失去重心了一般，因為從來沒離開過孩子，有些媽媽會覺得很閒，甚至不知道該拿自己怎麼辦、該做什麼。不知道自己要做什麼的家長通常都比較會胡思亂想，反而會更焦慮、擔心孩子在學校的狀況。建議家長在送孩子入校之前，先規劃一下自己的時間，想想什麼事是平常想做、但卻又做不到的，好比那些曾經好想報名的課、想去吃的下午茶，終於在這個時候可以沒有憂慮地享受一下自己的空閒時間，趕快好好把握住吧！

開心接小孩

到了放學的時刻，這時焦慮、等待一整天的你，一定想知道孩子今天過得怎麼樣、他到底適應得如何？儘管你已經忍了一天，但是這時候還是要提醒自己忍住、不要露出負面的情緒，也就是送孩子去上學時要開開心心的，去接孩子放學也是要開開心心的。一見到面，就算看到孩子哭喪的臉，也要保持鎮定，讓他感受到你平穩的情緒，問問他今天讓他最開心的是什麼事，或是帶他去吃個他喜歡的小點心，讓他的一天，因為你，有一個快樂的結尾!

4

上學後該放手與該注意的狀況

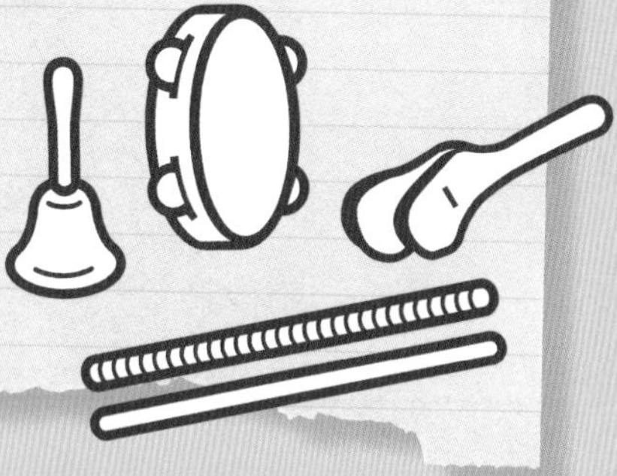

儘管我們再怎麼做好準備，也不能保證能夠萬無一失。環境中永遠存在著我們不能預期的事情，總有超出想像或是自己無法掌控的事情。很多時候我們以為一切都按照計畫進行，直到狀況發生，才意識到原來這完全不在我們的預想之中。準備要上學就是如此，沒有所謂「萬全的準備」，但是如果爸媽已有孩子經歷過入學，那麼可能比較容易以輕鬆的心情看待這個過程。沒有經歷過的家長就如同新手父母一般，總是會焦慮、不安，煩惱孩子在入學後會出現什麼狀況，擔心他是否適應、是否能交到朋友、老師是否能用心對待他，不斷問自己的決定是否正確……。擔心和焦慮是人之常情，但是既然做了決定，我們就需要提醒自己，學習往前看。

接下來主要是想給家長一些「預告」，讓爸媽知道在孩子入學後有哪些可能會發生的狀況，其中有些也許不需要太過緊張，有些可能要特別注意。

孩子的情緒和適應期

在前面我們提到入學前能幫孩子做的準備，無論是在生活、心理或能力層面的準備，只要花了時間和心思，對孩子來說多多少少都有幫助。開學之後，有些孩子因為在準備時，已經充分理解自己將要去上學這件事，心裡會先預期學校的作息和環境，他們便能在短時間內適應，也能很快進入學習狀況。也有一些孩子沒意識到自己要開始上學了，對新事物有好奇心，到了學校，一開始看起來適應得很好，但這其實是個假象，因為孩子在學校上了幾週課之後，才察覺這是每天的例行公事，於是開始出現負面情緒，到學校時在門口就拒絕入班上課。

還有一些孩子因為本身的個性或特質，好比容易退縮、敏感、不喜歡變化的孩子，他們的適應期會拖得比較長，有時候適應期甚至會拖上好幾個月。另外還有一些孩子，其實並沒有適應問題，他們只有在家長接送的時候出現情緒，讓爸媽心疼不已，但是只要爸媽一離開，孩子就像什麼事情也沒發生過一樣，開心地和同學一起上課。

哭給媽媽看的瑞瑞

瑞瑞從來沒有離開過媽媽，即使是去上療育課程，也都是有媽媽陪在身旁，終於到了上學的年齡，媽媽一想到要送孩子上學，心裡就很焦慮，她擔心孩子無法適應新環境，更擔心瑞瑞不能適應媽媽不在他身邊。

第一天送孩子上課，瑞瑞的老師先跟媽媽簡短的說明，並請她交給老師處理。媽媽不捨的心情瑞瑞都看在眼裡，於是他開始哭鬧、拉扯媽媽的衣服，媽媽一邊安撫瑞瑞、一邊向他說著上學的好處，這樣一來一往就花了快半個小時。老師眼看安撫沒有幫助，反而讓瑞瑞哭得更難過，花了一番功夫才說服媽媽離開。沒想到媽媽一離開，瑞瑞的嚎啕大哭就變成輕聲啜泣，幾分鐘內就停止了。在這過程中，老師並沒有特別安撫，只是在旁邊陪著他。

瑞瑞媽媽其實並沒有真的離開，不安的她躲在窗戶旁觀看，深怕瑞瑞會出什麼狀況，但是一不小心就被瑞瑞看見。看到媽媽的瑞瑞又開始哭鬧，吵著要跟媽媽回家，在老師又一次的溝通下，媽媽才真的離開。接下來一整天，瑞瑞的狀況都很好，在老師的引導下他能跟隨教室裡的流程，自由活動時也能自己玩玩具，就連放學看到媽媽也很開心!

持續觀察孩子的行為及情緒反應

無論孩子對於上學的適應型態是哪一種，我們都需要持續觀察孩子在入學後是不是有其他不尋常的反應或改變。有些狀況只是在適應期的正常反應，像是嘴巴說不想上課，或是去上學時一開始的抗拒，但是一陣子又沒事了。這些行為對很多孩子來說，就是過渡時期的暫時現象，家長不需要太過緊張。當然也有很多爸爸媽媽會問，哪些行為才算是「不正常」的反應？或是需要多久時間才能確定孩子適應不良，也許現階段真的不該送孩子上學？這裡我要再次強調，每個孩子都不一樣，所以並沒有一個適用於所有孩子的標準，重點是觀察孩子：入學後他在情緒和行為上的改變是否可以透過調適或引導而改善，還是他的改變會嚴重影響到生活作息。

個性活潑的小奕變了樣

在早療教室裡傳出嘻嘻哈哈的笑聲，一打開教室的門，這個面帶笑容、正在跟老師開心上課的小朋友就是小奕。小奕是個性活潑的孩子，從當初診斷出有自閉症到現在，他已經是個完全不一樣的孩子了。現在的他有口語能力，喜歡跟老師聊天，也喜歡學習，媽媽看到他的成長，想想該是送他去幼兒園的時機了。以小奕的進步程度，適應新環境應該不是太大的問題，但是為了確保一切順利，媽媽決定自己先幫忙陪讀，等到小奕適應了再離開。

上課的第一個星期，小奕在進入教室前都會稍微鬧個小情緒，通常透過老師幫忙轉移注意力，他的情緒都可以在短時間內平復，媽媽和老師也因此感到放心。但是從第三個星期開始，小奕出現了焦慮的情緒，特別是在每晚要入睡前，都會跟媽媽說他不要上學，就算是經過媽媽安撫，半夜還會尿床，這是以往都沒有發生過的狀況。後續發生接二連三的事件，都是跟他的焦慮有關，有時候小奕會莫名大哭，有時半夜會驚醒，讓媽媽感到無助又非常焦急。

家長如果察覺到嚴重的情緒反應，加上又持續好幾個星期，這時就建議要尋求專家的協助，釐清原因後，再找出協助孩子的適當方式，避免這些原因造成後續對孩子的影響。

父母可觀察的反應

前面曾經提到，每個孩子都有自己的適應期，我們對孩子的觀察，需要耐心持續一段時間才能適當地分析孩子的狀況，千萬不要因為單一事件或是孩子一開始的適應不良就輕易下了斷論。以下提供一些方向給家長作為參考，都是父母應該注意的行為。

- 孩子在去學校的路上，或看到學校大門口時有沒有負面情緒？
- 接孩子下課時，孩子是否有精神，並表現愉悅的情緒？
- 上課後的三到六個月之間，孩子在發展上有明顯的進步嗎？
- 班上的同學願意主動接觸孩子嗎？孩子在學校有沒有好朋友？
- 上學期間，孩子會出現像是焦慮、睡眠中驚醒、沒安全感、情緒起伏、行為退化等壓力的反應嗎？

建議爸媽在一開始上學後就開始觀察，記得多給孩子一些時間，幾個星期後再檢視一次孩子的狀況是否有變化。

不要小看輕微的變化

當孩子適應了「上學」，並不代表能一直適應下去。學校就如同任何環境，常常會有變化、突發事件，而我們很多孩子都缺乏彈性和適應變化的能力，再加上很多特殊兒不容易完整表達內心的感受或想法，我們很難知道是什麼原因造成他們無法面對變化，唯有透過仔細地觀察，才能分析出一些狀況。

因爲小小改變而大受刺激的小安

小安花了幾個星期的時間適應新的學校，適應後他的情緒穩定，每天都很開心地去上學，就這樣持續了好幾個月。突然有一天，媽媽帶他去上學時，一到校門口孩子就開始哭，好說歹說都沒辦法帶他進入教室。只要媽媽態度一強硬，孩子就變得更加歇斯底里，這個表現讓媽媽和老師都感到十分困惑。

媽媽完全無法理解孩子會如此抗拒的原因，所以當天只好就此罷休，默默帶著孩子回家，期待隔天也許孩子情緒會好轉。一到隔天上課的時間，小安還是出現相同的反應，讓老師與媽媽措手不及，只好與校方開會討論，想要了解引發孩子情緒的緣由。

開會的過程中，大家的提問都環繞在教室裡發生了什麼事，讓小安有不愉快的經驗，還是他的生活作息改變等，絞盡腦汁希望能找出原因。經過長時間討論之後，大家發現在孩子的生活中並沒有什麼特別的變化，於是開始思考其他的環境的改變。討論到最後，終於有人意識到唯一的變化，是前幾天在校門口放置的新盆栽，這個盆栽會散發出一種淡淡的香味，繞了一大圈，才發現原來孩子不是排斥上學，而是排斥那個盆栽的味道。

就是一個小小的盆栽，能讓孩子出現大大的反應，的確，我們很多的孩子接收環境刺激就跟一般人不同，他們也許不夠敏感或是過於敏感，在生活的每一天都面臨不同的環境變化，這些是挑戰，也是他們需要學習的功課。儘管如此，這個例子還是告訴我們，身為家長，必須做好心理上的準備，即使孩子已經適應上學了，也要準備可能還會出現孩子需要調整的地方，讓我們陪孩子迎接和面對這些挑戰，協助他們提升適應力。

家長學習放手，孩子才有成長的機會

我們都希望孩子能獨立、能自己學會適應，在不倚賴太多的協助下融入環境。在達到這個「目標」前，有一個我們都要練習的功課，就是學會「放手」。放手是一個過程，包括心理及認知上的學習歷程，也就是說，在心理層面上，我們需要克服一些自己給自己的焦慮，像是前面提到的，在孩子入學後，安排自己的生活、找到與自己有共同處境的支持系統，好比跟一些有類似情況的媽媽聚會、互相打氣，當然，也要學習開始享受自己的獨處時光，學習愛自己。

另外在認知層面上，爸媽要常常提醒自己這是個必經的過程，「放手」並不是不愛孩子或忽略孩子，只是每個人都有自己該走的道路。除了要常常朝這個方向思考以外，還要有實際的動作，一個很好的練習機會，就是從送孩子上學時開始。我們都能想像送孩子上學的畫面，孩子的哭鬧、他們的不情願，雖然我們無法控制，但是我們可以調整自己說話的內容和穩定的情緒，來避免那十八相送的劇碼。

在我們與孩子溝通的時候，無論孩子的語言能力是在哪個階段、聽得懂多少，他們都能透過我們的口氣和肢體語言來分辨我們的情緒。所以在一些關鍵時刻，特別是分離的時刻，建議盡量保持穩定的情緒，說話的內容堅定、簡短，同時伴隨柔和的口吻。這麼做可以避免在孩子已經有情緒時的當下，又讓他們感受到父母的負面情緒，更難與父母分離。那麼，當孩子很難與我們分離時，我們可以對孩子說些什麼呢？

表 4.1　送孩子上學時說再見的技巧

情境	可以這樣對孩子說	說這些話的目的
送孩子到校門口時，孩子開始哭鬧，不願意和你分開。	「媽媽知道你很想媽媽。等一下你在這可以跟同學一起玩，老師也會帶你喜歡的活動。別擔心，下午吃完點心我就會來接你了。」	讓孩子知道你同理他的情緒，告訴他一些讓他期待的事物，並明確地告訴他在什麼時間點你會來接他。

情境	可以這樣對孩子說	說這些話的目的
孩子其實很想進教室，但是看到媽媽還是寧願跟媽媽在一起。	「我知道你會想媽媽，我也會想你。你看，你的好朋友在玩你喜歡的積木，他應該在等你跟他一起玩積木，去玩吧！」	讓孩子知道你能了解他的心情，同時給他一個正向的情境幫助他往前看。
孩子願意去上課，只是一直跟媽媽討價還價什麼時候要來接他。	「我知道你想我早一點來接你。你來上學可以學到新東西，會有同學跟你一起玩，媽媽也有自己要做的事。下課時我就會來接你了。」	先幫孩子把他的想法說出來，再讓他明白你離開的原因。避免在這個時候被孩子牽著話題走，並堅定自己的說詞。

以我身為老師的經驗來看，說「再見」對家長來說是最困難的一步，因為在這時候孩子的情緒是家長最不想看到的，從一開始的心疼，到後來的不耐煩，最後是無限的罪惡感。所以我提供幾個例子給家長參考，這些說再見時的技巧，都需要爸媽事先練習，甚至在送孩子上學前，就要在心裡先想好接下來要說些什麼。說完再見後，建議就在幾分鐘內離開，過程中不要有太多的反覆來回，也不要在離開後又突然出現，以避免造成更多的困擾與不必要的情緒起伏。

另外要請爸媽注意，說這些話並不代表處理孩子的適應狀況，也不代表孩子就能馬上與你分離。說這些話的目的，是讓家長能學習該如何面對分離的焦慮，在焦慮的情緒下說一些能帶來正向影響的話語，幫助自己與孩子一同度過這段適應期。

請記得，你的情緒會直接影響孩子的情緒，你的焦慮，孩子絕對能感受到，他也跟著變得焦慮；你的情緒穩定，孩子絕對能感受到，他也會慢慢穩定。

是誰在幫孩子貼標籤？

被排擠的心痛經驗

十幾年前當我在美國擔任特教老師時，我們哥倫比亞大學的一項研究專案為了推廣融合教育，於是向一所小學租借教室，將我教的特教班安置在一般學校裡，但是因為整所學校只有這班特教學生，因此校方把我們的班級安排在走廊的最後一間教室。我記得整個學年，沒有人敢走過我們的教室，沒有人會過來打招呼，即使看到也好像我們不存在似的，感覺上好像被孤立了。

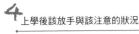

有一天，我們班上的一位學生經過走廊去上廁所，他一回來就過來問我：「袁老師，有人叫我怪物，怪物是什麼意思啊？」聽完我的心都碎了，因為問不出是哪個班級的學生說的，我也無法去向對方班上的老師反應這個情況。當時我就在想，學校的老師其實都知道我們是特教班，學生在學校裡一定都會碰到，為什麼其他班級的老師不宣導一些正確的觀念，讓大家能認識特殊學生。

天使般的老師出現

我們是學校中唯一的特教班，為了融入學校，我努力和其他老師建立關係。就在隔壁班有一位羅森伯格老師，她的臉上常常帶著微笑，平時不愛聊天的我，為了建立關係只好硬著頭皮去找她寒暄，從一開始不知道聊什麼，絞盡腦汁製造聊天話題，到後來無所不談，甚至還會一起到咖啡店喝杯咖啡閒聊。花了一段時間，她才願意跟我透露一些自己的想法。有一天，羅森伯格老師告訴我她的班上有一位特殊生，常遭到同學的排擠，她看了很心疼，於是我們一起討論出一個辦法，創造機會讓我們的特殊孩子能被接納。

營造正向經驗

羅森伯格老師向我提到，每週五的下午，她的班級課程都比較鬆，因此就規劃了每週五下午，讓我帶著我班上的六位特殊生進入他的班級，羅森伯格老師則是將她的學生分成六組，每一組都各帶我的一位學生，然後這六組會各自進行一項孩子都喜愛的活動，有些做創意勞作，有些玩角色扮演，無論是做什麼，孩子都玩得特別開心！我和羅森伯格老師都很好奇，這些同學到底是因為必須聽老師的話，所以才心不甘情不願地陪我們的孩子玩，還是真的享受在這種互動中。

經過了一陣子的觀察，結果發現每個孩子的表情和情緒，都明顯表示出自己的心境，他們確實享受在其中！而且所有的學生，包括我們的孩子，都很期待每週五的來臨。這個美妙的結果，我想羅森伯格老師自己可能都沒察覺到，她的方式營造了很多的正向經驗，特別是當她選擇了小朋友喜歡的活動，開心在玩的同時又搭配了我們的孩子，這樣的情境，直接讓她班上的同學對我們的孩子產生了正向情緒的連結。

做比說更有效

半年過去了，我的學生也要升上二年級，學期的最後一天，我安排了學生的家長來參加畢業典禮，才進行到一半，羅森伯格老師的班級竟然全部都到我們的教室來，他們為我的學生獻上一首歌，每個學生還特地做了卡片送給我們班的學生，真的很令人感動，就連我們班級的家長也感動到流淚！我向羅森伯格老師說出感謝，感謝她不僅是接納我們的孩子，還做出實際的行動。有趣的是她反過來感謝我，她說正因為我們做了這些安排，那位在她班上受排擠的孩子，也被其他同學接納了。學生變得友善，也開始對弱勢的孩子表現出同理心，沒想到只是營造了一些正向的互動經驗，效果竟遠比單單用「說」的方式宣導更有效。

被欺負、遇到問題怎麼辦？

那次在美國遇到的事件，讓我深深體會家長的擔憂。特殊兒童在學校被欺負、遇到問題時不知道該怎麼辦，是每位父母都擔心，而且又經常在學校發生的事件。

那麼除了老師在學校努力宣導、盡力營造友善的環境以外，還有什麼是我們可以為孩子做的？為了能給孩子實質上的幫助，我請幾位家長給我們一份清單，描述孩子平常在學校曾經遇過的困難，或遇到衝突時的狀況，拿到這份清單後，我把這些發生的狀況，一一的讓我們的老師演出這些情境的內容，再拍攝為教學影片。

我們運用了ＡＢＡ（應用行為分析）研究出的其中一項教學策略，也就是利用影片設計出一套課程，讓孩子能視覺化日常生活中可能發生的狀況。這一套課程的教學步驟很繁雜，首先我們錄了二十個需要尋求協助和解決衝突的情境，接著老師會帶孩子看幾個不同情況的影片，從中與孩子討論發生的事件，另外再說出可以應對的方法。我們發現在討論的過程中，許多孩子都有共同的困難點：他們無法正確地描述看到的內容，這表示他們不能正確解讀當下的情境，導致沒有一個孩子能找到適當方法來處理問題。表4.2是一些孩子看完影片所說的話。

從這些例子我們可以看到，當孩子無法正確解讀出發生的事，他們就無法判斷自己其實是被欺負了，或是遇到問題了，那麼當然後續就無法做出適當的反應。在我們的教學中，首先著重在孩子的認知層面上，透過多重範例的影片示範，教導他們察覺在不同情境裡的重要細節，並學習辨識哪些情況需要尋求協助、哪些情況

表 4.2　孩子對影片情境的解讀與反應

影片中的情境	孩子對情境的描述	是否會問題解決／尋求協助
老師請大家開始畫畫，並發圖畫紙給兩個同學，有一位小朋友沒有拿到紙，表情很錯愕。	老師：「發生了什麼事？」 學生：「在畫畫。」	老師：「應該怎麼辦？」 學生：「1. 先拿紙。2. 再畫畫。」
兩位小朋友互相分享自己漂亮的書包，之後就一起去玩玩具。到了下課時間，一位孩子拿錯書包準備回家，另一個孩子眼睜睜地在旁邊看著同學把自己的書包拿走。	老師：「發生了什麼事？」 學生：「玩一玩，下課背書包。」	老師：「應該怎麼辦？」 學生：「可以打X。」
一位小朋友覺得戴帽子很好玩，一直硬把帽子戴在同學的頭上，即便同學已經說不要了，他還是不停止。	老師：「發生了什麼事？」 學生：「戴帽子。」	老師：「應該怎麼辦？」 學生：「可以玩遊戲。」
一位小朋友故意把同學推倒，同學痛到哭了。	老師：「發生了什麼事？」 學生：「他跌倒了。」	老師：「應該怎麼辦？」 學生：「站起來。」

要自我保護等。當孩子對這些情境都有正確的認知後，才開始引導他們從選項中，

選擇最適合的應對方式。

如果只是讓孩子單單告訴我們正確答案，並不代表孩子真的會用在自己身上，這個現象是很多特殊兒都有的困難，也因此我們的教學不能只停留在正確答案上。因為這只是代表孩子達到理解的層面，我們另外還要確定孩子真的會使用學到的知識，才算是真正的「學會」。於是在我們的教學配套裡，還加入了演練的元素，也就是在孩子學會辨識狀況和提出解決的方式後，模擬類似的情境讓孩子參與演練，確定他們能在不同情境裡實際運用在自己身上。

透過這樣的教學方式，我們在不同孩子身上都可以看到相同的效果，也就是他們都學會了一些應對的技巧，無論是在需要幫忙時，或是被別人欺負時，小朋友都能察覺問題點，並能做出適當的反應幫助自己脫離困境。唯一的不同點是，每個孩子需要練習的次數與範例的數量，有些孩子只需要練習幾次就能理解這個概念，但是也有一些孩子在練習多次以外，還需要接觸大量不同的情境範例，才能真的精熟這些反應技巧。

在這裡家長先不必太擔心是否一定需要額外的課程，才能教導孩子學會這些技能，其實父母可以陪伴孩子一同觀看有類似內容的影片，或是自己演出情境再請家人用手機拍攝。如此一來，在家裡一樣能以簡單的方式教孩子，與孩子一同討論、演練，這樣的效果遠比只是單單的「說道理」還來得更直接，印象也會更深刻！

跟不上大家的學習進度

另一個可預期的狀況與孩子的學習有關，我們都知道特殊兒的學習進度緩慢，他們學習一項技能通常都需要大量的練習，以及特別的教法。一般發展的孩子，學習一個新概念只要練習幾次就好。在一般的幼兒園裡，老師的教學進度都很快，往往才接觸幾次的教學內容，會依照一般發展孩子的進度而常更換，也因此老師只好跟著進度走，無法等待我們的孩子。如果家長很在乎孩子的學業表現，他們就會心急、擔心孩子學業跟不上。

學業逐漸落後的小梅

小梅是高功能自閉症的孩子，爸爸在她四歲的時候就安排她進幼兒園。

小梅適應得很好，也喜歡上學，在學習上還算跟得上。但是到了大班，爸爸漸漸開始發現小梅對於功課的理解上有困難，於是跑來找我，希望我能為孩子「補習」。

爸爸認為幫孩子補課，加強她的課業能力，她應該就能跟上班上同學的腳步。我對爸爸說：「補習不是對症下藥的辦法，小梅不能理解課業的內容，與她的能力有關，再怎麼惡補，也只能針對當下的狀況處理，並不能解決根本的問題。如果只是惡補，根本的問題放著不管，那麼也許成績會暫時看似有進展，但是之後又會出現同樣的落後情形。所以我們應該去釐清孩子不理解的原因，從更基本的先備技能著手，才能真正幫助她。」爸爸雖然點點頭，但是他還是不想放棄成績，在無法達到共識的情況下，爸爸最後決定帶小梅去上補習班。

這個例子是一個普遍的現象，一旦孩子進入幼兒園，終究會面臨到學業上的壓力，這些壓力有時是來自於家長。由於爸媽擔憂孩子跟不上，於是花很多的時間帶孩子寫作業、復習，孩子的時間也都被做功課填滿，親子關係漸漸變得緊張。當然也有一些壓力來自孩子自己本身，當他們發現自己跟別人「不同」時，或是為什麼別人會，但自己卻不會時，壓力就會產生。有些孩子選擇逃避，也有些孩子就直接放棄。課業到底對我們的特殊兒來說，是不是最重要的？到底要放多少心思在這方面？要有多高的期待？這些問題只有家長自己能回答。

難道孩子進步得慢，我們就要放棄嗎？當然完全不是這個意思，我們期望孩子一樣能跟同學一起學習，只不過我們需要思考該如何做，才能讓孩子持續參與在學校的學習裡，但同時也要考量到孩子的能力，配合個人的學習速度和能力從旁協助他們。

持續參與學習的瀚瀚

瀚瀚是一個有學習障礙的孩子，他喜歡學習，也能專注在老師身上，只是任何老師教的內容對瀚瀚來說，都是一大挑戰。媽媽回想曾經為了要教瀚瀚辨識數字，努力了整整一年，用盡各種方法，才教會瀚瀚幾個數字。那次的經驗，讓媽媽接受了瀚瀚在學習上有障礙的事實，也因此對於瀚瀚在學校的課業學習並不抱著太大的期望。

瀚瀚的班級老師明白媽媽的心境，更清楚瀚瀚的困難點，但是他深信孩子是有潛力的，於是老師在班上將瀚瀚的學習內容作了調整。好比同學都在學習簡單的加法，這些對瀚瀚來說是無法理解的，不過老師運用了瀚瀚現有的能力，再增加一些難度，讓瀚瀚學習描寫數字，或是將數字與數量做配對，讓瀚瀚還是能「參與」在與數學相關的課程裡。

在瀚瀚的例子裡，由於老師發現，調整過的內容能提升瀚瀚參與活動的動機，他就不會逃避上課，也正因為這些教學內容，確實符合瀚瀚的需求及能力，讓他在學校裡還是持續學到不少東西，這都多虧了願意調整心態的媽媽，還有花了心思且不放棄的老師！

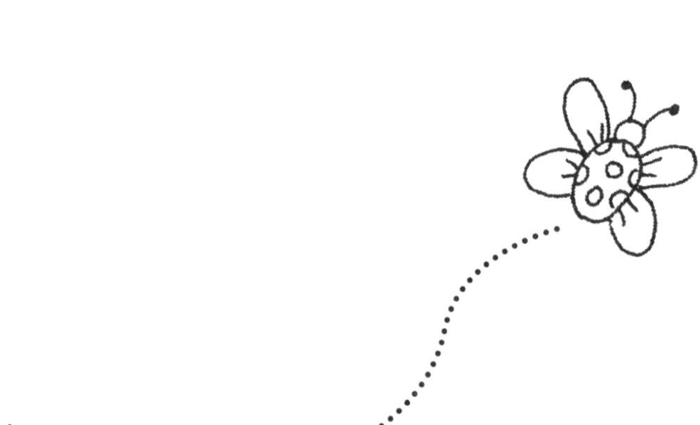

5

給孩子額外的協助：陪讀

陪讀，就是一個不附屬於學校的人，進入到班級裡，為孩子提供協助。這個人可以是家長請外聘的老師，也可以是家長自己來陪讀。陪讀的類型有幾種，其中最基本的一種，是陪讀老師跟隨在孩子身邊，配合班級老師的活動流程，在孩子需要時提供協助。還有一種形式是孩子大部分的時間都跟隨班級老師的流程，陪讀老師在班級老師的同意之下，另外安排一些時間，幫孩子練習他需要特別加強的能力。

什麼情況需要陪讀

如果孩子以往都只接觸療育課程，並沒有進入幼兒園的經驗，那麼家長就要先有心理準備：事實上，很多上了好幾年療育課程的孩子，爸媽也認為他的能力足以讓他融合在幼兒園裡，結果一開始上學就出現問題，不是之前在療育課裡學會的技能並沒有在幼兒園展現出來，不然就是在班上不斷發生造成老師困擾的行為問題。

這些狀況，是因為我們目前的療育做得還不夠完善，在現有的制度下，一般的治療課程無法與學校做緊密的連結。也就是說，治療師上治療師的課，學校老師上學校老師的課，大家分開各做各的，很少有交集。療育課程設計的目標大多僅是限於孩子個別在治療室內的練習，很少設想、考量到在自然情境裡孩子該有的表現。如果治療的目標沒有朝向孩子往後的學校生活來規劃，再加上孩子原本就缺乏類化能力，不懂得將治療課中學習到的技巧類化到學校生活中，那麼，這時候就有可能需要陪讀老師來介入，將治療與生活互相結合，才不會浪費了孩子的療育課程。

另一方面，家長也需要知道，一般學校環境的師生比例低，加上老師的班級事務繁瑣、需要跟上教學的進度等原因，比較沒辦法全方位地照料到孩子的特殊需求，這是很多老師有心卻又無力的地方。在國外，融合教育都會另外有特教老師在教室裡支援，畢竟一般幼兒園的師資背景大多數都是以幼保科、幼教科為主，特教的背景並不紮實。這時候，如果能找到擁有特教相關背景的特教老師來陪讀，他們對孩子在學習、行為上的困難點有比較完整的認識，陪讀時就能針對孩子的特性來提供適合他的引導方式。

陪讀需要注意的問題

目前關於幼兒園的陪讀，政府還沒有一套完整的規劃，所以只有家長自己跟學校討論，看看他們是否能接受陪讀。很多我們曾經接觸的學校都不太接受陪讀，原因包括：

1 沒有接觸過陪讀，不清楚陪讀老師扮演的角色，因此擔心陪讀老師會干擾班級老師上課；

2 不知道如何向班上的同學說明陪讀老師是誰；

3 不希望陪讀老師將他在教室中看到的事物，在不了解的情況下轉述給家長聽；

4 老師相信自己有能力教導孩子，覺得沒必要加入陪讀老師；

5 曾經有過不好的陪讀老師經驗。

雖然有很多學校不願意接受陪讀，但這並不代表這種狀況不會改變。有一些孩子，開始在教室裡出現嚴重的行為問題，當老師嘗試多種方法卻看不到效果，也不願放棄孩子時，就有可能會重新考慮其他解決方案，願意嘗試一下陪讀。

也有另一種情況，學校並沒有太排斥陪讀，只是需要時間「觀望」，我們合作的一所幼兒園就是如此。這所幼兒園老師知道我們的孩子需要特別的輔導，同時也清楚學校有師資上的限制，無法即時在孩子出現問題行為時給予協助，因此他們同意讓我們的陪讀老師入班。一開始，校方只給予陪讀老師半天的時間入班，時間愈是短，建立良好的關係就更是首要的任務。我們發現陪讀老師與班級老師之間的關係很微妙，陪讀老師努力扮演他不干涉老師教學的角色，適時地協助孩子，過程中發現班級老師隨時都在「觀察」他，甚至還會向家長報告陪讀老師的狀況。

我們能理解這些都是正常的過程，於是陪讀老師透過與老師持續溝通、密切合作，經過一段時間，不但看到孩子有進步，也獲得了老師的信任。不僅如此，班級老師還希望增加陪讀時數，期待能在我們身上也學到一些引導孩子的方式。這個實例告訴了我們，如果希望學校接受陪讀老師，就應該盡可能地讓他們體會到陪讀的好處。也就是說，陪讀老師必須要有一定的專業能力和經驗，才能達到這樣的效果，不是隨便找人來「陪」就足夠。

與校方溝通

孩子是否能有陪讀老師陪同，必須先通過園所這一關。有些學校有所顧慮，因此接受陪讀的意願低，家長在這個時候也不要刻意勉強，畢竟立場不同。但是如果家長覺得陪讀是有必要性的，可以在選擇幼兒園時，先與園所的園長溝通，詢問一下他們的意願與接受度，有意願的再納入選擇之一。以我們從前曾經陪讀過的園所經驗來看，願意接受陪讀的園所，各有他們願意接受的原因，有些是因為他們知道自己對特殊兒的認識有限，希望能從陪讀老師身上學習一些技巧；也有些園所人力不足，多了個人就等於多了個幫手，有總比沒有好。

不管原因如何，家長要與學校先溝通陪讀老師扮演的角色，讓他們安心，才有願意嘗試合作的可能。在與園所溝通之前，爸媽要與陪讀老師討論他在教室裡的角色、釐清陪讀老師會在什麼情況下協助、什麼情況下需要配合班級老師等，再把這些內容傳遞給園所，讓他們更明白陪讀老師的責任範圍。家長在過程中需要擔任協調者，從陪讀老師這裡了解他的功能，與園所討論過才能知道是否可以媒合成功。

與班級同學溝通

當陪讀老師入班，很多老師心中都有個顧慮：其他的孩子會怎麼想？該如何對他們解釋？為了避免孩子因為陪讀而被「特殊化」，我們發現老師的說法是個關鍵因素。有些老師會讓同學知道，陪讀老師也是學校的老師，將跟他們一起上課，有時需要幫助某個小朋友。小朋友的感覺取決於老師怎麼說，講得愈自然、愈不去放大這件事情，小朋友就愈不會大驚小怪，到最後陪讀老師就是班上的一位老師，也不會因為這個人的關係，而以特殊的眼光看待我們的孩子。

誰來陪讀？

陪讀的人如果掌握不好，容易成為孩子融入環境的阻礙。我們看過很多例子，是陪讀者以個人在意的觀點去執行陪讀這個角色，如果不以孩子為出發點，最後的結果反而會以兩敗俱傷收場：陪讀者感覺挫折、孩子也降低學習的意願。不同的人有不同的立場、角度，但是終究對孩子最有利的，還是以客觀的角度去看孩子的需求。把融合視為目標，利用陪讀來幫孩子達成這個目標，朝這個方向去思考，我們來看看不同的陪讀者可能會造成什麼樣的影響。

家長適合嗎？

以我們曾經接觸過的經驗來看，家長通常並不適合陪讀，因為「家長沒有辦法扮演老師的角色」。在小朋友眼中，陪讀老師應該就是學校的老師，而不是誰的媽媽，光是「〇〇〇的媽媽」這個角色，就會影響同學對孩子的看法，讓孩子在班上更顯得突兀、跟別人更不一樣。

另一方面，有些家長在陪讀的時候，面對的是自己的孩子，當媽媽看到孩子不專心、跟不上同學、被欺負或是有行為問題時，不可能沒有情緒、完全保持中立。情緒會模糊焦點、影響判斷能力，所以當家長有情緒時，很難理性引導孩子。除了陪讀時的壓力，平時在家照顧孩子也有壓力，這時，這些多重的壓力只會讓爸媽更疲憊，帶來更多負面情緒，對家長、孩子雙方都沒有好處，陪讀也很難延續下去。

相反的，只要不是孩子的親人來陪讀，就不會有私人感情的投入，在看孩子的問題點上較能以客觀、中立的眼光去看待孩子。陪讀老師需要有一定的專業程度，不會因為孩子的行為而感染自己的情緒，才能以理性、對孩子有幫助的方式去處理孩子的問題。當然，如果孩子需要陪讀，但是家長找不到專業的老師，或是有經濟上的考量，那麼由家長來當陪讀老師可能是當下唯一的選擇。

當家長成為陪讀老師，還是有一些方式能有效率地幫助孩子，這裡有幾個小建議希望家長可以用來自我提醒：

1 時常提醒自己的角色，在教室裡盡量保持中立，觀察並學習班上老師對所有小朋友的態度。
2 盡量不要給自己太大的壓力，處理自己有能力處理的，那些會讓你有情緒的情況，盡量尋求老師的協助。
3 記錄下孩子在教室裡的表現，並持續與孩子的治療師和老師溝通，來獲得一些能幫助孩子融合的策略。

工讀生陪讀老師

工讀生背景的陪讀老師，有大部分都還在就學，不然就是剛畢業的學生，他們雖然有足夠的熱情，但是本身的經驗不足，只能做到基本的協助。像是小朋友不會穿脫室內鞋，陪讀老師就來幫忙，或是小朋友做勞作時不會剪紙，陪讀老師就帶著他剪，也有情況是當小朋友有情緒時，陪讀老師只會在一旁安撫。

非專業的陪讀老師知道的輔助方式也非常有限，不是常常用肢體協助，就是一直口頭提醒。其實提示法有很多類型，應該先了解孩子的狀況再選擇適合的方法，而不是統一套用在每件要協助的事情上。這樣非專業的輔助通常只能提供暫時的幫助，陪讀的效果其實不大。以長遠來看，這些在一旁輔助的方式並不能讓孩子真正融合，反而會讓孩子一直依賴要有人在旁邊「幫他做」。

專業陪讀老師

專業的陪讀老師，應該要具備基礎的知識背景，對於特教或教育相關領域有相當的了解，最重要的是，一定要對我們孩子的特質有所認識。在這裡特別註明「專業」陪讀老師，意思指的不只是在孩子身旁多了一個人，而是要強調陪讀是一項大工程，目的不僅在於協助孩子融合，還要能跟老師建立互信關係。

前面曾經提過，陪讀老師非常重要的責任和能力，在於與班級老師建立關係，過程中的「磨合期」需要發揮一些溝通技巧，才不會弄巧成拙，因此這會是選擇專業陪讀老師的重要條件。爸媽一定要有正確的觀念，陪讀老師不應該只是自己做自己的，而是要與班級老師共同合作，讓融合的過程更順暢，最後，陪讀老師終究是要退出的。

在可行的範圍內，如果陪讀老師能與療育老師溝通孩子現在已有的能力，例如孩子是如何學會這些能力的，或是孩子正在加強的技能，這些資訊就更能發揮他在教室裡的角色，把療育課程引導孩子的方式在幼兒園裡執行，幫孩子練習類化，讓孩子能學以致用。這就是專業陪讀老師跟一般陪讀老師最大的區別，他們能有效率地讓孩子將療育的成果在日常的情境中發揮出來，促進療育與生活的連結。

這樣專業的陪讀老師該在哪裡可以找到呢？雖然目前並沒有一個很完善的陪讀老師培訓制度，但還是有一些管道可以試試看。最快速的方式是透過現在孩子正在接受療育的單位，詢問該單位現有的資源；另外也可以直接搜尋其他早療機構，或是上網查詢關鍵字。找到陪讀老師以後並不代表就此結束，一定要詢問老師的培訓背景及經驗，以及是否有其他家長分享這位老師的教學和感想，這些都是在選擇陪讀老師時很重要的指標。

陪讀的評估

專業的陪讀老師需要一個能檢視孩子能力的工具。我們可以透過陪讀簡易評估表觀察記錄孩子在幼兒園的狀況，了解孩子在學校的每個學習基本環節中，是不是具備了足夠的能力。這份評估表的結果，將會作為陪讀老師規劃陪讀目標的參考。

表5.1　幼兒園陪讀簡易評估表

標準說明：下表中關於能力說明的部分如有多項舉例，只要出現其中一個例子就算「有」該能力，請老師在方框中勾選，並在評估表的備註欄描述該學生能力概況。

類別	能力	說明	備註
先備能力	□安坐	以活動為主，例如繪本共讀15分鐘，他是否能和其他小朋友一起安坐在地上15分鐘	
	□能注意到教學者	上課時能注意到老師在說話	
	□尋求他人協助	任何人、任何需要協助的情境皆可	

	□模仿同儕	立即性的模仿小朋友正在做的事	
	□觀察性學習	看完老師教同儕，自己也能學會（不用老師親自教）	
自我管理能力	□受挫時能調適情緒	受挫時是否能以合適的方式因應，並在5分鐘內恢復情緒	
	□獨立如廁	自己去如廁、沖水、洗手、擦屁股	
	□清潔與收拾物品	收拾餐具或玩具、擦桌子以及擺放桌椅等等	
	□獨立進食	獨立使用餐具喝水、吃飯	
	□跟隨班上流程	知道進教室先換鞋、放書包、水壺、洗手 知道吃飯先洗手、拿碗、排隊盛飯，吃完擦桌子等等	

類別	能力	說明	備註
自我管理能力	□配合情境轉換	前一個活動轉下一個活動能無情緒、抗拒或拖延	
	□配合參與團體活動	能獨立參與團體活動或遊戲	
	□攻擊行為	包含負面的話、作勢傷人、騷擾別人、傷害及破壞行為	
課程理解能力	□聽從教學者指令	課程相關指令，例如「塗上膠水再對折」、「中班小朋友請站到最前面跳舞」	
	□操作模仿教學者	課程相關模仿，例如模仿老師排出1到10的字卡、模仿老師用針線穿珠珠	
	□獨立完成活動	當老師帶活動時，能獨立執行自己的部分，例如獨立完成卡片、獨立畫完作業單	
	□課程中的表達能力	在課程活動中能適時回答問題、表達自己的想法	

領域	項目	說明	
溝通能力	□表達一般需求	例如不理解指令時、被同儕欺負時、想要玩玩具時、想上廁所時、想吃點心時能不能主動表達需要	
	□向他人命名或分享事物	能主動命名情境中的事物或分享自己的感覺	
	□能回答他人問題	能回答別人的問題或向別人提問問題	
社交互動	□主動與同儕互動	能主動向同儕說話、找同儕玩、分享物品、打招呼等等	
	□回應同儕的互動	回應同儕的話語、回應同儕的遊戲邀請、接受同儕靠近一起玩、收下同儕分享的物品等等	
	□參與同儕的遊戲	能玩同儕的玩法、遊戲時配合同儕扮演特定角色、一起想出一個玩法等等	
	□解決互動上的衝突	出現衝突或不一致的做法時，能一起解決、妥協、澄清或道歉	

陪讀的目標

當孩子進入學校，目的就是要接受融合教育，但是融合指的不單單只是孩子能在學校裡待得住、不出現問題行為就好，而是希望他們能真正地融入班級的學習環境裡，並且學到新的能力，這才是我們送孩子去學校的目的，也是家長和陪讀老師該努力的方向。就如同任何人要適應一個新環境，都有許多困難需要依照輕重緩急一一克服，孩子上學也一樣，在這裡我們提供一些有助於孩子適應的目標，並且依照優先順序排列。孩子現有的表現就是老師陪讀的指標，如果評估後發現孩子缺乏某項能力，而這又是孩子在學校所需的能力，陪讀老師便應該依照優先順序擬定陪讀計畫。

1 建立正向師生關係

我們的孩子都有一些共同點，其中一項就是適應力比較不好，當他們對新事物無法接受時，我們通常看到的就是一些外顯的情緒及行為問題。很多孩子在剛開始上幼兒園的初期，都非常抗拒上學，有的會大哭大鬧、不進教室，嚴重的還變得焦慮、開始尿床或是做噩夢。在這個時期，孩子會特別敏感，任何一件小事都有可能影響他的心情、他對學校的印象。為了要讓孩子喜歡上學，家長和老師都需要花點心思營造一個愉快的環境，創造一些好的經驗，從過程中讓孩子對新環境產生正向的情緒連結。

小技巧：利用孩子喜歡的事物來建立關係

家長可以先與老師溝通，了解學校是否有孩子喜歡的活動或教具，讓孩子一進入教室時就先讓他接觸，也就是一開始就讓孩子做他喜歡的事。過程中，老師以孩子可以接受的方式與他互動，經驗告訴我們，只要孩子的經驗越是正向，他就有越多的正向情緒，有了正向的情緒，他就越願意接受新的挑戰，也會越喜歡來上課！

2處理行為及情緒問題

就算孩子願意去上學，也不代表他沒有行為或情緒問題。如果我們不優先處理這些問題，孩子的狀況其實是不穩定的，也無法好好學習。在處理情緒及問題前，要先釐清這些狀況的原因，才能針對問題點做處理，只不過這需要時間來觀察，除非老師有足夠的人力及專業度，不然很難做完整的分析。

小技巧：用紀錄表來分析孩子的狀況

孩子出現情緒或行為，這些表現都是在告訴我們一些訊息，他到底是生理的狀況（餓了、累了）、想逃避某一堂課、還是想得到注意？學會運用一些記錄的表格，就能對孩子的行為做初步的分析，有了正確的分析，才能讓我們在選擇處理方法時，做出比較適當的判斷。

表5.2　以時間點來記錄行為、情緒問題

有些行為會在某個時間點出現，持續觀察行為出現的時間點並記錄發生的次數，比如每天孩子在早上十點三十分都會哭鬧，每次哭鬧都記錄一次，持續三到五天，如果哭鬧都發生在固定的時間範圍內，就可以推論是否與生理需求相關。

時間	星期一	星期二	星期三	星期四	星期五
09:00-10:00					
10:00-11:00					
11:00-12:00					
12:00-13:00					
13:00-14:00					
14:00-15:00					

表5.3　以課程內容來記錄行為、情緒問題

排除了生理的因素，如果孩子不定期出現行為問題，可以利用下面的表格記錄，判斷是否行為是因為某項課程內容才會出現，這個紀錄表格也是需要持續一段時間才能看出一個模式。

課程類別	行為描述	發生次數
美語課		
語文課		
美勞課		

課程類別	行為描述	發生次數
音樂課		
體能課		
數學課		
主題時間		

表5.4　描述行為的前因後果

如果老師沒有辦法全程關注在一個孩子身上，你可以針對某一個困擾你的行為記錄當下的狀況。這個紀錄表格需要記錄四個元素：前因（當下的情境）、孩子的行為或情緒、發生後的後果（可以是老師給的，或是其他自然的後果）、行為的改變。

日期（時間）	前因	行為	後果	行為改變
1/5（8:34）	老師在說故事	小華抓同學的頭髮	老師制止小華	小華大笑

依照紀錄做好分析後，在選擇引導孩子的方式時會比較有方向。假設孩子是為了要引起注意而哭鬧，那麼老師可以教孩子如何運用適當的方式來引起注意；如果孩子是因為想逃避課程而哭鬧，老師可以先思考孩子逃避的原因，是課程太難還是沒有興趣，再針對這些困難點去調整教學等。

3 教室的規範

我們的孩子對規範很難理解，加上他們語言能力多半落後、控制能力差，用一般「說教」的方式效用不大。口頭提醒或是肢體協助的方式對孩子的幫助有限，過度使用會使孩子依賴，當老師不提醒、不協助他了，孩子就不會有所動作。一個可以避免過度協助、又可以幫助孩子理解教室規範的方式，就是把規範以圖像的方式呈現，正因為孩子在視覺上學習的能力比聽覺上學習強，這種方法能讓他們更容易接收我們要傳達的訊息。

小技巧：圖像提示的運用

老師可以先設想好平常孩子需要遵守的規範，建議盡量是孩子每天都會接觸到、每天都可以練習的，把這些變成圖像來提醒孩子才會有意義。這裡需要強調，我們所謂的規範並不是一般在教室裡貼在牆上的規範標語海報，那一種的海報說白了，只是裝飾作用，對孩子根本起不了作用。

在這裡指的規範，是每天孩子會接觸到的事物，比如在老師說故事的時間裡，老師會提供機會讓小朋友發問，這時候可以給孩子看一張舉手的提示卡，讓孩子知道什麼時候適合舉手發問；或是下課要排隊時，老師可以舉起排隊的圖卡，讓孩子知道現在要做什麼。在哪裡放上圖像提示也很重要，若是放在離學生遠距離的地方，孩子並不會看到，那麼就更不會做。我們可以把圖像提示放在靠近學生的地方，或是如果有額外的助理老師、人力，可以在學生需要時，拿出圖像給他看，帶著他照著圖像做出動作。研究顯示，圖像提示不但可以有效幫助孩子理解要做什麼事，不再提供提示之後，也比口頭提示更容易促使孩子主動表現。

4 增進同學之間的互動

能與一般孩子在一起上課、玩耍、交朋友，是家長把孩子送去幼兒園的一個主要目標。單單把孩子放在幼兒園的環境中，除非孩子已經有一些基礎的互動能力，不然不太有機會能自己發展出社交技巧。因此，千萬不要認為幼兒園每天都有自由活動、遊戲的時間，孩子就會跟別的孩子玩在一起。反而我們最常見的狀況是，孩子自己到處遊走，不然就是自己玩自己的，就算是跟其他孩子玩得起來，玩法不是很單一、沒變化，就是無法持久。當其他的同學發現孩子主動性低、跟他在一起玩的時候樂趣不大，同學接觸孩子的意願也會跟著減低。

小技巧：營造互動的機會

希望孩子能跟同學一起互動，提供正向經驗是很關鍵的一個要素。簡單來說，就是要創造一些能讓孩子感到快樂、自信的情境。如果可以，在自由活動的時間裡，帶一兩位同學跟孩子一起進行他們都感興趣的活動。孩子經歷了這樣開心的氣氛，在過程中累積正向的情緒連結，慢慢就會開始對同學感興趣，也會主動觀察並接觸這些同學。

選擇適合孩子的遊戲，也是營造成功互動的其中一個關鍵，而最理想的遊戲，是孩子們都能理解、又都有興趣的遊戲。建議一開始先選擇簡單規則的遊戲，再逐漸調整遊戲的難易度，當然，如果這個遊戲不是孩子平常就隨手可得的遊戲，那麼這種新鮮感會讓孩子們更有動機參與。選擇適合的同學做為孩子互動的對象也是一個關鍵，先了解孩子的個性很重要，有些孩子很內向，如果搭配到強勢又喜歡主導的同學，可能會讓孩子更退縮，反而互動不起來。

另一個選擇同學的方式，是透過平時對孩子的觀察，挑選出適合的同學，我們可以注意孩子平常會主動接觸的同學是誰？他常常會觀察哪幾位小朋友？對誰最有反應？看到誰就會露出笑容？這些觀察都可能給我們一些有用的訊息，讓我們知道孩子可能對哪些孩子有好感，當我們選對同學，便能讓互動產生更多的火花！

選擇遊戲和同學

小奕就是一個很真實的例子，他是一個已經在學校融合的四歲小男孩，經過父母和老師努力的教導，他的能力已提升到接近一般兒童的發展，唯一讓爸爸比較擔心的是小奕的社交互動，於是找了我幫他設計一些社交能力的課程。我先請爸爸幫忙分別邀請幾個孩子到家裡來玩，再把孩子們互動的情況錄下來給我看。

影片中我發現有兩個小女生很適合做為小奕的玩伴。這兩個小女生跟小奕都是同年齡，雖然都是正常發展的孩子，但是個性上很不一樣：喬喬很安靜，但是她很願意配合與小奕玩遊戲，穩定度也足夠，小奕跟喬喬在一起時，也會經常玩到哈哈大笑；玲玲跟喬喬完全不同，玲玲的話很多，玩遊戲的方式是跳躍式的，也就是每個遊戲都玩不久。這兩個女孩都各自有她們的強項，所以藉由她們的強項，我為小奕設計了兩個互動課程。因為喬喬的穩定度夠高，我請爸爸營造遊戲的情境，引導小奕與喬喬一起玩，從中提升他的遊戲技能。另一方面，玲玲喜歡講話，語句也很豐富，可以刺激小奕的語言能力，於是我設計了一個讓孩子對話的課程，小奕開始學習與他人一來一往的對話。這樣的絕配，不僅激起了互動的火花，也因為幫小奕找到了適合他的同伴，進步的速度比我一開始預期得還要快！

5 學業輔導

因為我們的孩子在語言、理解能力上受限，加上他們跟一般孩子學習的方式不同，通常學一項能力需要大量的練習才能精熟。有很多孩子在認知的學習上，跟不上班上同學的腳步，就算跟上了，一般發展的孩子此時又向前邁進了一步，我們的孩子至少只能緊追在後。再來就是，我們的孩子對自己不感興趣的事物都缺乏學習動機，如果他們發現課業太難、無法達成老師所定的目標或完成老師交代的任務，這時候孩子就會挫敗、開始逃避上課，顯現出來的就是孩子沒有動機學習。

小技巧：先讓孩子有動機參與

如果我們希望孩子學得好，必須要以動機為先，而不是先要求他要做得多精準、成績多好。想提高孩子的學習動機，可以先從調整課程內容的難度著手。把內容調整為孩子能力可以做到的範圍之內，比如班上小朋友都在上數量概念的課程，我們的孩子如果沒有數量的概念，並不代表他不能參與。這時候可以把內容簡單化，像是讓孩子做一些與數量相關的作業：數字配對、數數、辨識相同數量等。另一方面，如果孩子是有數量概念的，只是沒有動機學習，我們還是可以調整教學內容，好比在數量概念的作業單上，加入孩子喜歡的汽車，讓他數汽車的同時，能夠學習數量概念並完成老師交代的功課。

要陪讀多久？

陪讀要陪多久時間，跟家長的期待有關，如果家長只是希望孩子能適應新環境就好，那麼當孩子情緒穩定了，就可以停止陪讀。但是如果家長了解在教室裡，老師能協助孩子的機會有限，那麼家長可以選擇拉長陪讀的時間，幫助孩子上了學習的軌道再結束陪讀。我認為在我們為孩子做任何決定之前，都需要深思熟慮。一旦當我們做好決定、執行了，則必須要有耐心等待一段時間，在這段時間內觀察孩子的表現及反應：他是否有受影響？還是狀況雖然時好時壞，但是還是有慢慢進步的趨勢？

不管是什麼時候結束陪讀，家長都需要做好心理準備，畢竟孩子已經適應了有人陪在身旁，當這個人離開又不再出現時，一般的孩子都會需要再經歷另一個適應期。適應期的長短因人而異，如果學校裡有孩子喜歡的人、事、物，環境也漸漸熟悉，這時陪讀老師就算離開了，適應期也不會拖得太長。除了做好心理準備之外，還要為離開做準備，也就是必須先與老師溝通，當陪讀結束時，對孩子的情緒及學習上，可以有什麼應對方法，讓陪讀的任務可以順利結束，孩子也可以在老師協助下繼續學習，這樣，才不會枉費了之前陪讀的時間，效果也可以延續。

老師也有磨合期

當一位新的人進入到你的「地盤」時，一般人都會自然地出現防備心，對這個新來的人提出質疑，關注他每個動作。班級老師也一樣，一開始都會分析這位「陪讀老師」到底有沒有真的發揮效用，還是只是在浪費家長的錢。說的這麼直，是因為這是大多數園所剛開始對我們陪讀老師的看法，不過這種心態是可以被理解的，因為我們確實進入了他們的「地盤」。

當陪讀老師有了這樣的認知，應該就能體會建立關係的重要性，願意花心思與老師建立關係，培養彼此的信任感。而這一切需要時間，更需要技巧，拿捏不好則無法獲得班級老師的信任，就更不必談合作，陪讀也就無法發揮最初的目的。倘若處理得當，不僅老師之間能互相學習、合作，當陪讀老師不在場時，班級老師還會願意持續執行陪讀老師提供的策略，這是最理想的狀況，陪讀老師也可以慢慢朝著退出的方向進行。

從磨合中看到孩子的進步

丁丁老師在幼兒園擔任大班的班級老師，他發現小東在教室裡常常出現一些不適當的行為，像是捉弄同學、干擾老師教學等，造成了班上很多困擾。正好小東在我們的早療中心上課，媽媽得知我們有陪讀的服務，於是與園方先做了溝通，詢問老師讓陪讀老師入班的意願。在老師的同意下，陪讀老師就開始進入學校了。一直到正式陪讀前，丁丁老師還不太了解我們陪讀的執行目標，一開始也是在觀察，看看陪讀老師到底在做些什麼。慢慢他看到我們針對小東行為的紀錄及處理方法，也察覺孩子開始有了改變，因此在溝通中表達他願意學習陪讀老師的記錄方式。

我們先藉由簡單的記錄方式開始，在老師可以接受的範圍內，也就是能力上允許的範圍，讓老師了解我們為孩子設定的明確目標以及從紀錄中看到執行的效果。

這對我們來說是一大突破，從一開始的觀察、溝通，到最後願意記錄，真的是很難得的合作經驗。也因為丁丁老師願意記錄，從原本只有陪讀老師每週兩次在場時，才能觀察到小東的表現，現在就算是陪讀老師不在場，我們也可以透過丁丁老師的紀錄知道，在有實施策略及沒有實施

表5.5　丁丁老師的紀錄單

日期	行為： 分心	行為： 未經許可取物或碰人	行為： 說話未保持距離	行為： 過度尋求協助
11/23-11/27	4次	11次	8次	2次
11/30-12/04	4次	8次	5次	0次
12/07-12/11	4次	5次	4次	0次
請假一週				
12/28-01/03	2次	4次	1次	0次
01/04-01/08	5次	4次	1次	0次

策略下，小東的表現如何，更能讓我們從中判斷這些策略是不是真的能減低小東的行為問題。

對於丁丁老師願意嘗試記錄，我們很開心也感激他願意信任陪讀老師，這是在陪讀老師與學校老師合作上共同跨出的第一步。不過任何學習都是要一步步來，當熟悉記錄方式後，在老師有意願學習的情況下，陪讀老師開始示範如何正確實施代幣制度，把這個策略運用在處理小東的行為問題上。特別是陪讀老師不在場時，丁丁老師還是可以持續記錄跟給予代幣，比如老師給小東的代幣可以累積到陪讀老師在場時，再一起兌換他想做的活動。

在進行幾次後，丁丁老師從這些數據看見孩子的行為明顯進步，漸漸地開始對我們產生信心，並開始詢問我們關於孩子其他的問題行為：例如孩子會回嘴反抗老師，而平時的處理方式沒用的時候，常常會覺得很困擾。經由我們與老師開會討論和實際觀察後，共同提出一些技巧策略來執行，才事隔一週，老師馬上向陪讀老師說：「怎麼會這麼有效！不只是對小東，對班上所有孩子都很有效果！」

老師之間的合作從一開始的試試看、共同觀察到孩子的問題，到後來一同運用有效的策略，明顯看到孩子表現進步，彼此建立起很好的合作關係。現在班級老師都會主動與我們分享孩子的表現呢！希望藉由共同的努力，老師能把方法融入在他自己的班級生活當中，朝著陪讀老師終究都是要退場的目標前進。

一致性對孩子的幫助

在陪讀開始前，我們都會事先與老師討論為陪讀的孩子設計的目標和策略，也表達會配合老師的教學、不會干擾老師。從我多年的教學經驗來看，如果在策略實施後，親師或周遭主要的照顧者對待孩子都能有一致性，孩子才會清楚知道大家的標準，學習的成效也會較明顯。因此我們與光光老師溝通，希望在不干擾老師上課的情況下能盡量彼此配合。

光光老師雖然口頭上答應，但心裡還是質疑、有自己的想法，於是繼續使用他覺得對孩子最好的方式，這些雖然我們都看在眼裡，但還是能體諒老師的心情。只是由於我們的做法不一致，導致小奇對這些不同的標準感到混淆，在數據上呈現出不穩定的表現，他的行為有時好、有時又不理想。這樣的方式進行幾週後，小奇開始出現了其他的逃避行為，同時在我們的紀錄單上發現，原本的問題行為次數沒有降低，反而增加了。

這樣的狀況讓我們很焦急，緊接著又開了一場會議，陪讀老師表明了我們都尊重老師，只是必須說明這些策略背後的功能和重要性，再一次與光光老師溝通他的想法，努力想在討論中達到共識。光光老師後來提出他先不處理小奇的行為問題，就讓陪讀老師執行，想看看在不混淆孩子的情況下，是否真的能改善這些行為。果真，孩子的逃避行為慢慢減少了，光光老師也察覺到孩子的變化，有一天，很意外的，光光老師主動詢問他是否也可以執行同樣的策略！我們與家長都感覺到，老師其實是漸漸開始信任陪讀老師了。幾個月後，陪讀老師與光光老師商量，因為小奇比較缺乏與同儕的互動，我們想利用自由活動時間，找一位同學跟他一起遊戲互動。當天剛說完，光光老師馬上在自由活動時間帶全班孩子一起到韻律教室，營造兩位孩子一起合作和互相幫忙的情境遊戲，引導小奇練習他需要學習的社交目標。這樣的合作促使我們的孩子有更好的學習機會與環境。

那次的經驗讓我們深深體會，人與人之間的磨合需要時間、溝通也需要持續嘗試，同時，更需要雙方卸下防備心並敞開心胸接納及尊重彼此的角色，才有可能真正幫助到孩子。我們從磨合中的一些正向經驗，看到老師與陪讀老師之間產生的變化，發現共同合作的好處。不止家長開心、解除了老師在班上的困擾，也幫助了孩子，真的是好處多多啊！

陪讀案例分享

如果只光靠一般的描述方式很難具體指出陪讀的效用，對於所有的教學，我們知道紀錄的重要性，從一些數據的紀錄中可以看到孩子學習的狀況，比如他跟同學說了幾次話、玩了幾次，或是他連續幾天都不再出現行為問題等。以下是幾個成功陪讀的例子，希望可以幫助爸媽更加了解陪讀是怎麼進行的，我們透過觀察，幫每個孩子設定了需要學習的目標，然後運用經過研究的教學策略來引導孩子，最後從紀錄中看到了孩子的進步！

不會跟同學玩的婷婷

婷婷是一位五歲的活潑小女孩，一開始婷婷媽媽來找我的時候，只是擔心她上課常常不專心的狀況，但是當我們做完孩子的能力評估後，才發現婷婷缺乏的能力除了專注力以外，還缺乏與同伴互動的技巧。社交技巧從發展的角度來看，是一項需要持續累積的能力。如果孩子在嬰兒時期就出現缺乏互動技能的情況，像是叫他名字時沒有反應、很少與人眼神接觸、對其他孩子沒興趣、分享式注意力（孩子能注意他人正在注意的事物）不足等，那麼那些更複雜的社交能力，像是主動參與遊戲或是與同伴對話等，並不會隨著孩子年齡增長而自然地發展出來。也就是說，如果孩子連基礎與人互動的能力都沒有，建立這些基礎的條件便是當下需要協助孩子加強的主要目標。但倘若孩子已經有了基礎的能力，父母或老師可以運用教學策略來誘發孩子表現出他的社交技巧，而遊戲就是一種有效的策略。

婷婷一開始就已經具備了一些基本的社交能力，但是在一來一往的雙向互動上還是明顯有困難。於是我幫她設計了遊戲的社交課程，透過不同遊戲來增加正向的互動機會，也讓她練習不同類型的社交技巧。透過多次的練習，很快地，婷婷交到了一個好朋友，每次來上課都會玩在一起，感情相當好。

有一回婷婷媽媽跟我分享婷婷在幼兒園的狀況，她說雖然婷婷在療育課時都能表現出適當的社交技巧，但是在幼兒園卻無法有相同的表現。她很著急，不知道問題出在哪裡。我向媽媽說，有時候孩子在一個地方學會的能力，有可能因為環境改變了、換了不同的人，或是教材變了，而展現不出來，這就是所謂的類化能力不足。因此當孩子進入一個新的環境，家長或老師會需要特別留意，如果能複製之前學習時的成功經驗和情境，孩子就更容易將先前所學的運用到新的情境裡。

為了要了解婷婷的困難點，我們的陪讀老師到幼兒園觀察婷婷與其他孩子的互動，過程中發現有一次幾個孩子在一起聊天，婷婷聽到了她感興趣的話題，於是就直接插話，但是她說話時並沒有看著其他小朋友，只是講出自己想說的話。講完之後其他小朋友有回應，可是這個時候婷婷卻沒理會就轉身離開了，留下的只有小朋友錯愕的表情。另一個情境是有一些小朋友在玩玩具，婷婷看到了很想參與，但是她卻不懂得如何詢問他們可不可以一起玩，只是在旁邊小聲地喃喃自語：「我覺得這個遊戲很好玩。」

◆在教室中營造正向的互動機會

如果我們指望孩子能自然地在自由活動中學到足夠的社交技巧，那就太不實際了。當然，一般的孩子能透過觀察和引導來學習，但是對一些孩子來說這些練習的次數並不夠多，能學到的社交技巧類型也有限。為了營造更多的互動機會，我們為婷婷設計了桌上遊戲，陪讀老師每天都會安排十五分鐘左右的遊戲時間，並利用自由活動時間讓婷婷自己選擇一、兩位同學一起玩簡單的桌上遊戲（例如：合作完成拼圖或疊積木等）。這個課程的重點不是遊戲本身，而是要增加小朋友之間互動的機會，陪讀老師將目標設定在：

1 開啟話題。
2 回應同伴。
3 眼神注視。
4 讚美同伴。
5 主動與同伴互動。

不僅是設定目標，陪讀老師還會在遊戲中引導，適時給予提示，確定婷婷有足夠的練習機會，另外同時記錄婷婷的表現。

◆成果分享

透過老師設計的課程，婷婷真的進步好多，到後來陪讀老師會在婷婷選擇遊戲的時候給予建議，目的是讓婷婷自己學習挑選適當的活動。現在她能夠眼神注視同學並主動邀請小朋友一起玩遊戲（例如：婷婷拿出益智角落遊戲規則的說明書並詢問同學：「我們來做這個好不好？」），同時也能夠適當地主動與同學開啟一個話題，與小朋友聊天，並回應對方說話的內容。因為平時陪讀老師會持續記錄婷婷的學習進展，從紀錄中我們也發現她主動與小朋友分享的次數漸漸增加，才練習了十三天，婷婷就能在十分鐘內主動與同學互

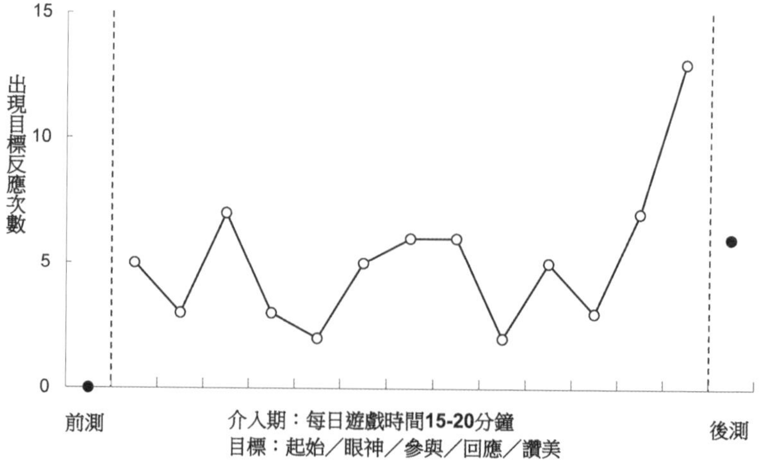

婷婷觀察記錄

前測和後測：老師讓婷婷和另一個小朋友在一個空間玩耍，在10分鐘內觀察婷婷主動與同儕互動的次數。
介入期：老師引導孩子一起互動13天，在遊戲時間內引導婷婷與同伴開啟話題、眼神注視同伴、主動參與活動、回應同伴，以及讚美其他孩子。

婷婷與同伴分享美勞作品

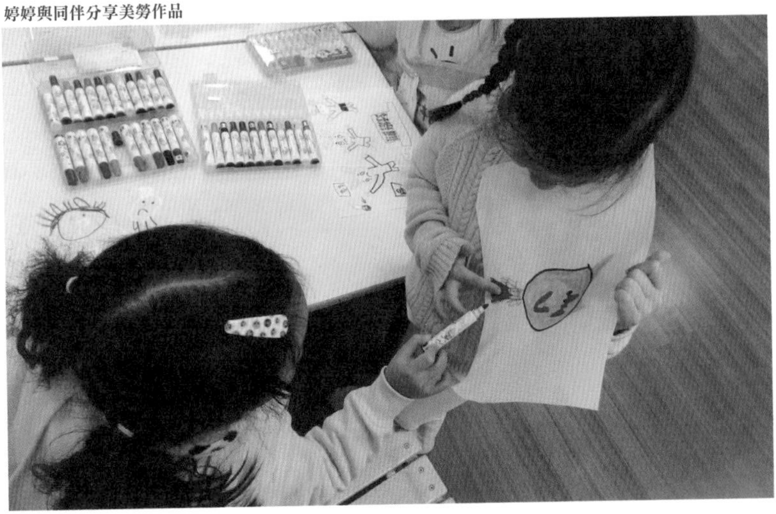

動六次，不僅是互動次數增加，她的技巧類型也變多，有一次她竟然還很驕傲地向小朋友分享了她剛完成的美勞作品呢！

忘東忘西的美美

四歲的美美在幼兒園上課，當老師請小朋友交出聯絡簿或其他物品時，總是發現美美翻著自己的書包卻找不到聯絡簿。老師問美美：「你忘記帶了嗎？」美美回答：「都是我爸爸啦！他沒幫我放在書包裡。」老師告訴美美收拾書包是自己的責任，應該自己學習整理。雖然她也答應老師會好好收整理自己的書包，但是每次還是都忘記老師交代要攜帶的東西，次數頻

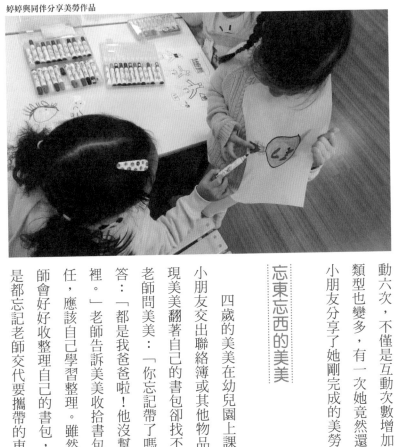

美美的收拾書包工作表

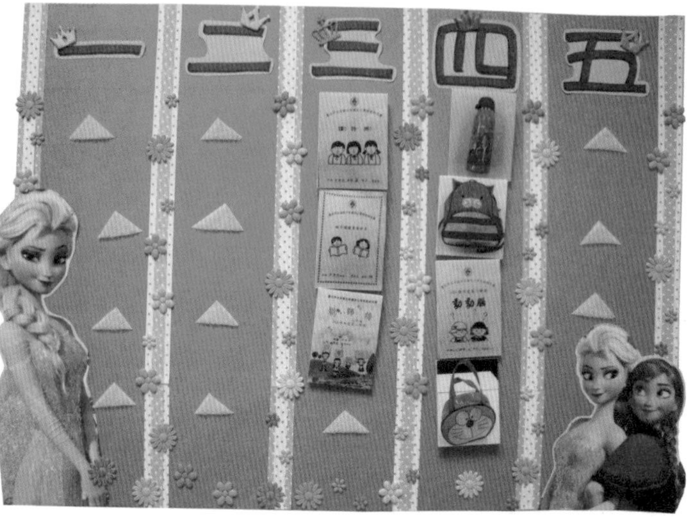

繁到已經造成老師的困擾。另一方面，家長工作繁忙，無法時常協助美美完成整理書包，加上這狀況遲遲沒有改善，老師最後為了預防美美又忘記，乾脆多影印一本放在學校讓她使用。

陪讀老師知道美美很喜愛公主娃娃，於是幫她製作了一張收拾書包的工作表。在這張工作表上，融入美美最喜愛的公主娃娃圖片，美美看了非常喜歡，也很有意願配合。接下來，陪讀老師教導家長使用工作表的方式，隔一週後，幼兒園老師覺得漏帶東西的狀況明顯改善許多，之後還連續兩週都沒有忘記帶任何一樣物品。媽媽覺得非常神奇也與陪讀老師分享，提到在家裡練習其實只有兩天的時間，第三天美美就能自己主動照著清單上的物品整理書包，而媽媽負責做最後的確認，看到這樣的進步，媽媽和老師都覺得這真的是個很棒的方式！

跟不上上課流程的小查

三歲多的小查以前一進教室就發呆，不知道該先做哪些事，需要老師一樣一樣帶著做，小查的媽媽很擔心他無法跟上其他孩子的步調。事實上，一般的教室都很吵雜，干擾也特別多，容易分心的孩子常會在這樣的環境中，被不相干的人或物吸引，使他們忘記自己當下該做些什麼事。

我們知道小查是視覺性學習（可以透過「看」來學習很多事物、只要看過就不太會忘記）的孩子，

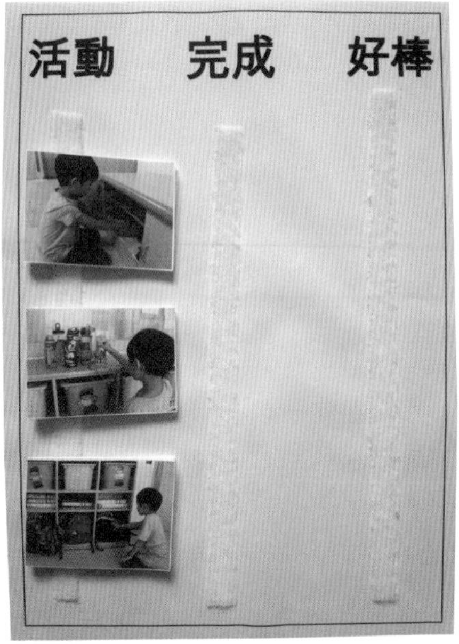

小查的活動流程表

就在陪讀老師入班後，利用每樣活動的圖卡做出活動流程表。在各步驟開始前，讓小查看圖卡做為視覺提示，並視需要提供肢體協助，讓小查一一完成換鞋、放水壺、洗手等活動。每個活動做好後都讓小查撕下圖卡並貼在完成的欄位作為提醒。經過一段時間的練習，陪讀老師逐漸減少給小查的肢體協助及口語提示，也不需要再使用活動流程表。現在小查已經記得進教室後該完成的每樣活動，雖然偶爾分心，也只需要老師用手比一下方向，就知道接下來該做什麼囉!

在學校不吃飯的佑佑

佑佑有嚴重挑食的狀況，他只吃白飯和重口味的咖哩飯，連菜也只吃高麗菜，甚至是同樣的高麗菜，只要換了一種方式來料理，佑佑也完全無法接受。他會一直拒絕並說：「我不要吃!我不要吃!」使全家人感到頭痛。到了上學後就更傷腦筋了，因為在幼兒園不可能像在家中一般舒適，要吃什麼有什麼，或是有人全程在旁協助用餐。雖然班上的老師通常都會協助餵食，但佑佑是個自閉症的孩子，說不吃就不吃，對他愈強硬反而讓他更反抗，班級老師也因此只能妥協。與同學一起用餐，是學校生活中的一般流程，因此這個狀況馬上被設為陪讀的一項目標。

利用園所的午餐時間，陪讀老師設計了一個策略，老師裝半碗白飯加一樣菜，菜量大約是飯量的四分之一，然後讓孩子吃一口班上的食物，再搭配一口喜歡的食物（喜歡的食物是隨機更換並由家長準備）。每一次的吃飯抗戰，陪讀老師都會記錄從開始用餐時間到全部吃完的時間，同時也會記錄吃了幾口的飯量。

因為陪讀老師採用的是正向獎勵的方式讓孩子吃飯，佑佑比較不會有情緒上的反彈。之後每到午餐時間，佑佑開始變得願意嘗試，老師只是在裝飯都還沒說開動時，他就主動向老師說：「我要吃一點點」或是「我要吃小小口就好」。經過兩週的時間，媽媽自己與我們分享他從不吃高麗菜以外的青菜，竟然在家裡也開始接受了其他青菜。直到現在漸入佳境，從半碗飯、一樣菜（份量是飯的四分之一）由老師來餵；接著進步到三分之二碗飯、兩樣菜，由老師幫忙協助放入嘴巴；到最後一整碗飯，兩樣菜一樣肉，由老師挖好飯後自己放入嘴巴。

班級老師近期常常說佑佑真的進步很多，以前只有喜歡吃的東西才能讓他動湯匙，經過訓練後連原本不喜歡吃的也能自己用湯匙吃，挖飯的動作也熟練多了，現在已經能與班上同學一起用餐囉！

6

改善學習
從親師合作開始

另一個增進孩子學習的關鍵：親師關係

家長、老師如果不在同一線上，不止大人辛苦、孩子也辛苦；家長、老師如果不在同一線上，再怎麼樣理想的環境，孩子一樣學不好。講白了，家長、孩子、老師是環環相扣的，就像一個家庭一樣，任何一方有問題都會影響每個成員，唯有正確的認知，重視這個關鍵的鐵三角，才能朝向共同的方向來努力同心合作，把彼此當作是好夥伴，這才是對孩子最有幫助的。

我曾在美國紐約一所學齡前的學校（Fred S. Keller School）擔任家長培訓部門的主任，因為許多研究證實，親職教育對孩子的發展有著不可取代的重要性；在孩子的學習過程中，家長的參與，和孩子的學習、情緒、行為等各方面的發展及表現，更有直接的關係，因此我設計了一系列的培訓課程，目的就是要幫助家長在教養上能更輕鬆。在這一系列的課程規劃當中，每個月都會有：

1 **符合家長需求的講座**，包括如何建立孩子的關鍵能力、提升孩子的學習動機、如廁訓練、親子關係、處理孩子的行為及情緒問題等；

2教學示範，也就是直接向家長示範我們是如何教孩子的，並讓家長實際操作；

3每個星期一次的一對一諮詢時間，在這個時間內，我會為孩子設計學習目標，向家長說明教導孩子的方式及步驟，並請家長回家練習，在下一次的諮詢時間再一同討論孩子的狀況。

我和美國哥倫比亞大學的教授進行了長達兩年的研究，想了解家長的參與度是否真的會帶給孩子影響。我們找了三十位小朋友，學期初時每個孩子在評估報告上都是落在同一個範圍之內。後來我們把孩子分為兩組，每組各十五位孩子，唯一的差別是：一組孩子的父母是全學年都有來上家長成長班的，而另一組孩子的父母則是沒來上過課的。研究結果發現，持續參加家長成長課程的父母，一年之後，他們孩子的全方面發展都有很大的進步，因為父母在家中學會提供多元的學習刺激，孩子的學習能力提升了，在學校裡的吸收能力也更好了；而另一組的孩子，全方面的學習都出現落後的狀況。

這項研究告訴了我們，家長的參與度的確是孩子學習的關鍵，但是還有一個研究報告中沒有提到的重要關鍵，就是在於親師之間的合作與溝通。我們要知道人都有自己的想法和背景，就算已經達成共識、都是為孩子好，有時想找到適合彼此的合作方式並沒有那麼簡單，這需要彼此尊重、互信，更需要有良好的溝通，才可能做到。以下讓我來分享一些親師之間溝通的技巧。

給家長：如何與老師溝通

在開始之前，我要先說，親愛的爸爸媽媽們，你們真的是辛苦了！當你發現自己的孩子跟別的孩子不一樣的時候，心裡的那種焦慮只有自己最懂。當你帶孩子去醫生那裡得到診斷名稱之後，你的世界就開始瓦解，曾經對孩子的期待與盼望似乎變得遙遠，擺在眼前的只有那些聽不懂卻又源源不絕的資訊，從孩子的症狀、該如何安排療育課程、到選擇學校等，都要自己一一去摸索。每天你都在做選擇，深怕做錯了一個決定，就耽誤了孩子的未來。

一旦你把複雜的心情整理好，孩子的課程也漸漸上了軌道，另一個學習的階段又要開始。你需要面對的有治療師、老師，這些對孩子有直接影響的人，他們在孩子的生活與治療的路上，扮演著極重要的角色。如果親師沒有辦法同心合作，不僅浪費了你的心力、金錢，也浪費了孩子的時間。在達到順利合作的階段之前，必須先通過一道重要的關卡，那就是「溝通」。溝通是建立良好關係的一項重要元素，這是十幾年來我培訓老師及家長的心得。因為我曾在美國的一所學校擔任管理家長部門及師資培訓的督導，這些年來，站在兩邊聽著家長與老師各別的心聲，於是才能整理出來一些我們一般常遇到的盲點。我發現很多時候，親師之間出了問題，純粹只是因為溝通不良的緣故。

建立關係從信任開始

所有好的關係，都建立在「信任」的基礎上，但是很多人卻忽略了這一點，導致關係還沒開始就已經被破壞。最常見的例子就是家長刻意隱瞞孩子是特殊兒的事實，原因通常是不希望其他人對孩子抱持著不同的眼光或對待，這種心情其實很能讓人理解，但是到底要不要讓老師知道孩子的真實狀況？不告訴老師會有影響嗎？

身為家長，我能理解爸媽不願意透露孩子狀況的用意，但是換個角度為老師設想，不會有人不想知道自己學生的真實狀況，因為每位老師都需要為教學做安排、做心理準備。當老師有了足夠的準備，才能應對教室中那些有可能發生，但又無法預期的狀況。不告知老師，並不代表老師不會發現，我們要知道老師有多少帶孩子的經驗，他們與孩子一相處就能發現孩子之間的差異性。刻意不讓老師知道，反而會在親師關係的一開始就產生裂痕，很難建立信任感。

不願意告訴老師

陽陽媽媽好不容易找到了一間她喜歡的幼兒園，在很短的時間內就幫孩子報名，也註了冊。媽媽心裡知道陽陽有發展遲緩的情況，也持續接受療育課程，但是她並不想把孩子真實的狀況告訴老師。這麼做的原因是不希望孩子被貼標籤，也不希望別人用特殊的眼光看待他，以為只要不說，老師應該不會發現陽陽的狀況。沒想到上學不到一週，老師就察覺陽陽跟其他孩子不一樣。老師試著與家長溝通，得到的回應卻是媽媽一再地否認，令老師很困擾，也很挫折。由於媽媽不接受的態度，使得老師想幫助學生的意願降低，親師關係漸漸變得疏遠。到最後，老師也不想再嘗試與媽媽溝通任何關於孩子的事，親師之間的互動只剩下接送孩子時的禮貌問候。

老師都需要感到被尊重

人性是這樣的，當自己被別人挑戰，尤其是自己努力學來的專業受到挑戰時，直覺的反應就是先豎起一道牆，先防衛再反擊。如果是有修養的人，可能不會直接表現出自己的不滿，但如果不能理性地處理被挑戰的情緒，很有可能就會在暗地裡做出不適當的事情。這是特別要提醒家長的，如果你挑戰老師，讓老師覺得不受尊重，想建立良好的關係就增加更多困難。如果希望老師能用心教導孩子，是不是更該用智慧來處理，給老師基本的尊重呢？

以關係破裂收場

名名媽媽是個求好心切的媽媽，她的個性很直、很有自己的想法，有什麼就說什麼，很多時候她的出發點都是為了孩子好。但是不了解名名媽媽的人都會認為她很強悍，說話的方式給人很大的壓力。有一回，學校的老師跟媽媽分享名名在學校的情形，其中的內容有好有壞。當老師提到名名在教室裡尖叫時，老師說明他會暫時把名名帶開，等他安靜後再讓他繼續團體活動。媽媽這時很直接地反應，並否定老師的做法，告訴老師應該要怎麼做才好，立即讓老師感到不受尊重。這件事並不是單一事件，後續有很多類似的情況讓老師心裡不舒服，累積了一陣子，終於在一次的談話中老師情緒爆發，與名名媽媽起了爭執，最後不歡而散。

名名媽媽事後很懊悔，又因為面子問題而不願去修補跟老師的關係，雖然媽媽曾經想過要換幼兒園，不過想想要找到願意收名名的幼兒園實在很不容易，於是也放棄了這個念頭，告訴自己不要跟老師接觸就好了。其實這樣的處理方式並不理想，因為不去面對只會讓關係變得更糟。果真，老師的心情受到明顯的影響，之後每次看到名名，心頭都會有一股莫名其妙的負面情緒。

有時說者無心，聽者卻有意，很多老師都反應，家長說的某些話其實讓他們特別在意，爸媽要盡可能避免這麼說：

◆老師你好年輕喔！你有生過小孩嗎？

老師的心聲：老師年輕沒什麼不好，年輕的老師有熱誠又熱情，處理事情比較有彈性，也因此更願意吸收新知來教育孩子，再加上孩子都喜歡活潑的老師，這是年輕老師的優勢。另外，有沒有生小孩跟專不專業沒有絕對的關係，就如婦產科的男醫師沒有女性器官、沒有懷孕生產的經驗一樣，還是可以幫女人接生，重點是有沒有專業的知識和能力。

◆老師，治療師是這樣教我孩子的，他教得很好，你要不要也這樣教？

老師的心聲：每位老師和治療師都有自己的專業背景，以及各自所學的理論，要求老師依照其他老師的做法，不僅是一種不信任老師的表現，也不尊重他們的專業。在這裡建議家長，多與老師溝通，進一步理解為什麼老師選擇某種方式來教導孩子，但是如果與老師溝通過後，你還是不認同老師的做法，而且發生多次類似的狀況，也許可以考慮是否需要調整課程。

◆我孩子在家都會啊，怎麼在這裡不會？是不是老師你的教法有問題？

當老師描述孩子在上課無法表現出某種能力時，有些家長就會這樣說。其實我們可以揣摩老師的心聲：很多特殊兒童都有類化方面的困難，也就是當孩子換了教材、場所或對象，表現就會變得不穩定，這是很多特殊兒在學習上普遍會出現的狀況。所以，孩子能夠在家表現得比較好，是因為他比較熟悉家中的人和環境。另外，老師和家長對於「會」與「不會」的定義也有所差異。例如，媽媽說：「我的孩子會自己說她想要的東西。」可是經過仔細詢問，才發現孩子只會說兩種想要的物品（娃娃、餅乾），而在老師的標準內，「會」的意思是能說出一般在環境中常見到的物品。

另一個狀況是媽媽說：「我家兒子會自己辨識很多圖卡喔！」可是老師怎麼測試都看不到媽媽描述的能力，請媽媽示範時，才發現當媽媽呈現圖卡時，會同時給予很多的提示，像是媽媽會說「不是這個，再試試看！」或是直接指給孩子看。當提供這些提示時，在老師的標準裡已經不算是「會」，因為「會」的定義是孩子自己能獨立表現。雖然只是認知上的不同，但是當家長無意地指出或暗示這是老師的問題時，帶給老師的感覺就會像是在質疑老師的專業度。

不要積壓自己的想法

溝通時最大的一個阻礙，就是不說出自己真正的想法。當我們不說，別人就不可能懂，這樣累積下去，只會造成誤會和更多的情緒，對誰都沒有好處。我在跟家長溝通的時候，最怕的就是家長什麼都不說，只是笑笑地點頭。這種時候，除非我們是對方肚子裡的蛔蟲，不然不可能知道對方到底是聽不懂、不認同、還是有什麼其他的想法。所以，有想法就說出來吧！有問題就提問吧！讓老師知道你的需求，才能真正幫助到你和你的孩子。

溝通時，避免情緒化

特殊兒的家長一定比一般家長來得辛苦，有情緒是理所當然的，但若是你選擇使用帶有情緒的字眼來溝通，相信對方會很難接受，也無法回應你的需求。因此，嘗試以理性的方式，具體說出自己真正的感受，讓對方能了解你的出發點、你的擔憂，一同以理性的方式來討論。如果當下真的有情緒，先試著讓自己冷靜，把思緒整理好了再溝通，別因為一時的口舌之快而破壞了親師關係喔！

要仔細聆聽和整理

爸媽要接收那麼多的教養新知，的確很辛苦，如果特別剛好是新手父母，所有接觸的訊息都是需要重新學習的內容。每帶孩子去上一次課，就有新的訊息在等著你，當你無法負荷，不是腦子一片空白，就是只能選擇自己聽得懂的來消化。此時，你很容易聚焦於自己在意的「關鍵字」，以至於聽得沒頭沒尾，只選擇自己想聽的就做解讀，很多親師之間的誤會因此而產生。有些人在溝通上出了問題，是由於自己的主觀意識太強烈，導致別人說的都聽不進去，或是沒聽完整。

要預防這種狀況，可以先嘗試將對方所說的內容聽完整，不添加個人的想法，消化過內容後再做回應。請記得，訊息越多，越需要整理，統整過了，自己會比較有頭緒，在溝通上，就能更準確的傳達自己的想法。

給老師：如何與家長溝通

很多時候我們以為「說話」就是溝通，如果我們有這樣的認知，往往結果就是與人做「單向」的對話。然而真正的溝通應該是雙向的：當你是講者時，要以他人能接受的方式說出別人聽得懂的話；當你是聽者時，盡量避免以自己的主觀意識去解讀對方說的內容，不要選擇性地只聽自己在意的關鍵字，而是要試圖理解別人的含義再做出適當的回應。在這裡要強調，溝通的目的並不是一定要爭對錯，也不是一定要達到什麼立即的結果，而是希望從過程中更理解對方，找出一種彼此都能接受的互動模式。

這是十幾年來我與家長溝通的心得，因為我曾經是特教老師的身分，也在美國的學校擔任管理家長部門的督導，到現在身為家長，在這些經歷中學到很多技巧。也因此在培訓老師時，我特別在意親師溝通的訓練，在開會時，更時常討論要如何跟家長溝通，才能有良好的互動關係。

以下我要分享幾個親師溝通的技巧，特別是給老師的經驗分享：

建立關係

與家長建立關係是最首要的，當家長不信任你時，很多你想要提供的建議他們都很難聽進去。那該要如何建立關係呢？定期規劃時間跟家長談話，每一、兩個星期撥出一小段時間與家長聊聊，聊天內容不一定是課程內容的話題；多談談孩子課程以外的生活、家長的興趣等；多注意家長的情緒和變化，並適時地給予關心，這些都會有幫助。

另外，與家長溝通還有一種狀況需要注意：就是當媽媽是「傳話」的人，而爸爸才是那位有決定權，但是自己卻又不出現的那個人。這時候，老師可以提議請家長錄音，讓親師之間的溝通內容能準確地傳入爸爸的耳裡，減低漏失重要訊息的可能性；透過這樣的方式，也能間接取得家長的信任。

這些額外的努力雖然對老師來說會佔用很多時間，但這些付出能夠避免不必要的誤會，又能增進感情，長遠來看，是非常值得的投資。記得，一切由信任開始。

懂孩子

只要你是以孩子的利益為出發點，家長是可以感受得到的，從溝通中也能獲取家長的信任。前提是，我們需要先懂孩子，提升自己對孩子的觀察力，觀察孩子的喜好和特質，注意小細節並與家長分享。另一方面，多聆聽家長對孩子的描述，特別是那些已經在接受療育課程的家長，畢竟他們與這個圈子接觸的時間比較久，可能會知道一些老師不知道的事情，還可以提供對於孩子有幫助的訊息。

當然，老師也可以有感性的一面，多跟孩子建立正向的互動關係，直接從互動中去認識孩子，當你懂孩子、父母又看到孩子也喜歡你時，他們就會開始信任你。

懂家長

溝通的其中一個重點，就是聆聽的技巧。請嘗試去理解家長在乎的點，從聆聽他們的需求開始，不要立刻反擊或反應。要知道有時候家長話中帶話，說出的話並不是他的本意，例如有些家長用挑戰或質疑的方式說話，但他們的出發點也許是來自焦慮或不安。如果你聽得懂並能理解家長的立場，同時又能同理，也許你的情緒就不太會受到影響，這樣就可以避免掉不必要的惡性循環。在這裡有一個可以運用的小祕訣，那就是「多問」家長，特別是當家長有情緒時，先幫他釐清他的情緒，等到冷靜之後，再多問家長一些問題，來幫助他清楚表達他的想法或困擾。

說話的方式

別以為自己說的話家長都聽得懂，真正的專業，是能將家長不懂的事情，用他們聽得懂的話講出來。那怎麼樣才知道對方是否聽懂?重點是別只顧著自己說話，多觀察家長的表情和反應:他是否露出疑惑的表情、是否一直都在點頭或只說「嗯嗯」。當他的肢體語言告訴你他不理解時，嘗試解說並提出實際生活中的例子，要記得，你的專業術語家長不會懂，也離他們很遙遠，無法跟生活做連結，因此，提供生活例子會比較有說服力。

再來就是不要只報憂不報喜，很多家長一接到學校老師的電話就很緊張，因為以往接老師電話的經驗，一律都是聽到孩子在學校又犯了什麼錯誤，或其他負面的訊息，導致家長不想接電話，或是看到老師就想逃避。我們要特別注意在與家長溝通時，提到的正向與負向訊息比例，盡量是以正向內容為主，強調孩子好的表現。要記得對特殊兒來說，再小的進步也是進步，引導家長看到孩子好的一面，多給爸媽鼓勵與信心。

當然，溝通時重視每位家長差異性也很重要，一位家長在乎的點不盡然是另一位家長在意的點；一位家長喜歡的互動模式也不一定是另一位家長喜歡的模式。

溝通的形式

我們最常見到一般與家長溝通的型態包括：聯絡簿、電話、信件、簡訊或是面對面溝通，老師通常會優先使用最方便的模式，像是聯絡簿或通電話為主要的溝通管道。有一些溝通方式雖然方便，但卻比較適用於像是一些注意事項、需要攜帶的用品，或是園所要舉辦的活動訊息上。針對孩子的學習狀況、孩子在學校的表現，書寫的方式有時候無法表達完整、傳遞正確的訊息，甚至會造成誤會，建議直接與家長面對面交談，讓溝通成為「雙向」的溝通。

除了找到適合彼此溝通的方式，還要不斷地檢視這樣的模式是否真的達到雙方都想達成的效果。有一些內容，需要溝通好幾次才能達到共識，所以溝通的次數、一致性都是關鍵。為了幫助彼此都記得談話的內容，最好的方式就是能夠把談話的重點記下來，特別是當老師很忙碌、要處理的事情很繁瑣，記下重點有助於彼此在下一次溝通時聚焦。

給予建設性的建議

你接觸的特殊孩子通常不只是在幼兒園上課，試想一下，如果他一個星期分別上了其他的療育課，比如語言、職能、物理、遊戲和ＡＢＡ等課程，五堂課就有五位老師給家長建議，一個星期一次，一個月就有二十個建議。無論是誰，聽到這二十個建議都會感到非常混亂。畢竟很多家長也在學習他們不懂的東西，要消化這麼多內容，還要自己統整出一套自己能理解、又能執行方式，的確很不容易。所以我們要先做的是體諒家長，而不是急著要教會他們什麼。在給家長任何建議之前，先了解一下他們的狀況：爸媽是否有能力教自己的孩子？是否有意願？他們能教到什麼程度？教導家長就如教導孩子一樣，我們要先了解他們的能力，才能幫忙設定學習的目標。

教導家長要設定短期目標，從他們能做到的先開始。如果可以示範教學給父母看，視覺的效果會比用說的還來得記憶深刻，記得過程中要提供協助，也要記得給予適當的鼓勵。

怎麼做才算合作？

爸媽努力，老師才有動力

教孩子不僅是家長累，老師也會累，很多有熱誠的老師都對我說過，他們的動力來自於那些努力的家長。如果你問了老師一大堆問題，希望學習一些跟孩子應對的方法，但是問了之後又不去做，這樣反覆循環會讓老師感到無力，想幫你都沒辦法幫。時間一久，老師的熱情也會因此冷卻，這不是很可惜！但是，如果問題是出在你不懂老師建議的內容，請記得多發問，甚至請老師多做示範；在回家執行後如果還是遇到問題，繼續向老師詢問及討論。要記得，親師之間是一種共同的合作關係，要彼此支持、鼓勵，才對我們的孩子有益。

良好的溝通是藝術也需要技巧，老師和家長雙方都需要持續地反省和調整，只要我們的共同目標都是為了孩子，做再多的努力也是值得的！

協助老師，減低班級壓力

我相信許多家長都有一樣的親身體驗，就是教養特殊兒不是件容易的事，他們需要特別的引導方式，也需要付出比一般孩子更多的心思與關注，只要有帶過我們的孩子都能明顯感受。如果對我們來說，帶一個孩子都要花費那麼多心力和勞力，那麼對班級老師更不用說，何況他還有那麼多的孩子要負責。我們除了要體諒班級老師以外，還要有個認知，就是班級的老師很難像負責孩子療育的治療師一樣，能經常花長時間跟你深入討論孩子的狀況。曾經就有一位家長向我抱怨，幼兒園的老師都無法常常與他詳談關於孩子的事情，其實是因為這位家長之前長期帶孩子做治療，已經習慣治療師給他的一對一關注，所以面對一個新的體系就很難適應。

我認為這個時候，應該多去了解幼兒園的生態，他們的各種條件的確跟療育機構不一樣，我們也不該用相同的標準套在班級老師身上，而是要自己學習去適應這個新的環境。再者，我們還需要去協助老師，畢竟事實上，有很多幼兒園拒收特殊兒就是因為怕造成老師的過度負擔。所以如果幼兒園願意讓我們的孩子入學，除了需要先從老師那邊了解，他在帶孩子時是否遇到困難，還要持續與老師溝通出一些可行的解決方案，協助老師減輕壓力。

老師的困擾，媽媽幫忙改善

小琴是個剛剛開始在幼兒園融合的小朋友，聽老師的描述，小琴在學校很乖，唯一需要讓老師多次督促的是，每次叫小琴去拿教具再回座位時，她都會因為受到旁邊同學的干擾，而忘記接下來是要去拿教具還是要回座位。這種狀況每天都會發生，老師常常都要一再提醒，小琴才會記得她該做的任務。到最後為了節省時間，老師乾脆全程站在她身邊作為提醒，這樣的處理方式反而讓班上其他的孩子被忽略了。

老師與小琴媽媽溝通了這個狀況，因為媽媽無法到校園陪讀，只好在家裡幫孩子練習，每天都營造一些練習機會，模擬在教室有可能會發生的情境。像是如老師描述的，先拿物品再到另一個地點，有時媽媽還會刻意在環境中製造一些干擾，再引導小琴還是要專注在自己該做的事情上。媽媽持續地與老師分享小琴在家練習的成果，老師也發現小琴在學校需要被提醒的次數開始減少，這個改變減輕了老師很多壓力，親師之間的關係也愈來愈好！

教室的學習，回家也能繼續

還記得我在美國擔任老師的時候曾帶過一個班，班上有一個特殊兒，是五歲的小男孩，有輕度的發展遲緩。他在學習上跟行為上都沒有什麼太大的問題，在教室裡也是個情緒溫和、配合度高的孩子。每一次我們興高采烈地跟孩子的媽媽說起孩子在學校的表現，媽媽都無法相信，還會皺著眉頭向我們說她的孩子在家是惡魔，根本不是我們描述的那個樣子。我們實在忍不住好奇心，於是請媽媽在家時偷偷錄影給我們看，結果發現事實就如媽媽所說的，孩子在學校跟在家裡完全是極端不同的兩個人。他在家裡搗蛋、頂嘴、搞破壞、鬧情緒……很難想像這是我們平常在學校看到的小天使。

問題到底是出在哪？我們跟媽媽做了深入的溝通之後，才知道其實是跟不同的引導方式有關。在學校，老師會明確又具體地說明教室規範，什麼是該做的、什麼是不該做的，都會清楚地讓學生知道。除此之外，在教室裡我們也實行代幣制度，也就是當孩子表現出理想的行為時，都能得到點數，而點數累積到一定的數量後，則可以找老師兌換孩子想要做的活動。因此孩子的學習動機變高，也很有意願遵守教室常規。

在家裡就不一樣了，除了沒有明確的規則以外，孩子不好的行為常常會受到父母的注意，孩子馬上就學會用這些不好的招數來引起爸媽的注意，結果就變成了惡性循環。有時候就算孩子有好的表現，爸媽卻視為理所當然，不但沒有給孩子特別獎勵，也不會口頭讚美。時間久了，孩子想改變的動機會慢慢減低，最後就乾脆放棄，才會出現那些恐怖的小惡魔行為。

經過這樣的溝通之後，媽媽表明想開始調整自己的教養方式，還向我們透露了她的一個困難，就是媽媽在家中很難找到能激勵孩子的事物。這件事讓我想到了美國學者之前研究出的策略「行為契約」，運用這個概念，我們設計了一個能激勵孩子的計畫。我們請媽媽將孩子的問題行為寫在契約中並跟孩子溝通，如果問題行為減少，便能獲得點數，這些點數能夠拿到學校來跟老師兌換他想要從事的活動。換句話說，也就是我們幫助媽媽減輕了她的負擔，孩子在家的行為改變也可以讓他在學校受到老師的注意和肯定。幾週後媽媽開心地把家中的錄影影片與我們分享，孩子在家的行為改善許多，親子之間的關係也變得更融洽了！

親師合作例子：小查理的行爲契約

小查理已經在幼兒園融合了一段時間，他的語言能力佳，在班上也有幾位好朋友。小查理雖然能力不錯，但是常常出現一些行為問題讓老師感到頭疼，像是沒經過同意就拿別人的東西、上課會隨意離座，或是亂摸其他小朋友。老師嘗試了不同的方式來引導他，但是都沒有明顯的效果。眼看過了好幾個月，這些行為還是沒有改善，連班上的同學也開始受影響。於是老師跟媽媽溝通，媽媽才開始尋求專業的協助。

在我們與老師溝通後，得知一般的幼兒園使用獎勵制度的次數並不夠密集，而小查理本身的學習動機就不強，如果沒有明確的規範和激勵方式，他就不會願意改變。接下來，我們與老師和家長一起溝通，藉由行為契約的策略，向小查理說明契約的規則，讓他了解在哪些行為沒有出現的情況下，才能獲得笑臉，集滿的笑臉則可以兌換他自己選擇的遊戲。為了不打亂老師上課的秩序，他選擇的遊戲會在家中與媽媽做兌換。也就是說，老師負責在學校觀察他的行為，並適時地以代幣制度來激勵孩子，放學後，小查理會把契約帶回家給媽媽看，媽媽則負責在家中完成檢視在契約上的表現，並給予適當的獎勵。

這種模式，就是親師之間的一種合作，因為在過程中，親師雙方需要持續溝通，在執行上也需要一致性，才能朝著共同的目標邁進。一段時間過後，小查理的行為開始改善，老師也漸漸將兌換的時間間隔拉長，讓他在得到想要的結果之前可以學習等待跟克制衝動。

小查理的行為契約集滿笑臉，可以兌換他喜歡的遊戲

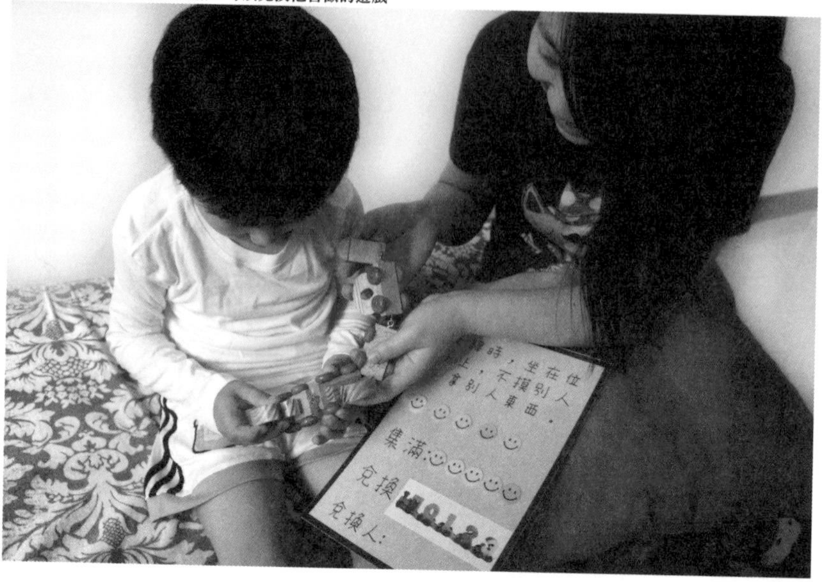

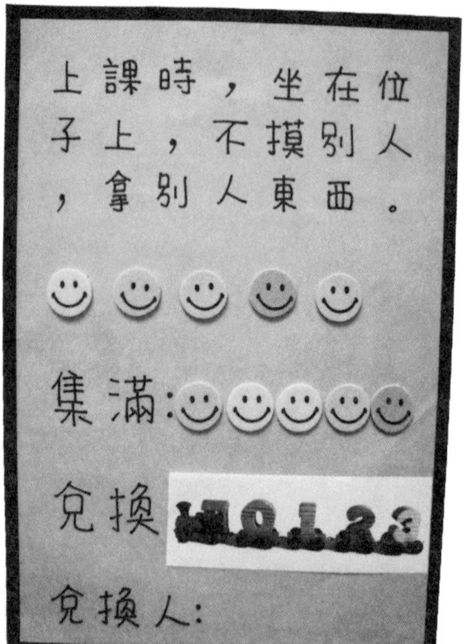
上課時，坐在位
子上，不摸別人
，拿別人東西。
集滿:
兌換
兌換人:

親師一致，孩子才會學得好

在日常生活中我們都會觀察到，小孩跟每個人在一起的表現都不一樣：像是跟媽媽在一起小孩就很聽話，跟爸爸在一起就常常不配合；在學校能自己把飯吃完，在家裡手就像殘廢一般，沒有人餵就完全不吃，有時還要花上幾個小時才能把飯吃完。這種現象很普遍，其實就是因為每個人與孩子在一起的互動方式不同、要求他的標準不一樣，導致孩子心裡有「多重標準」，也學會跟每個人在一起的表現都不一樣。

除了研究學者發現「一致性」的重要性之外，我在做親職培訓時，也發現同樣的現象。如果父母在家中對孩子的標準都是相同的，並在教養孩子時盡量保持一致的做法，孩子就不太會混淆，更能明確知道爸媽的底線在哪裡，學習效率及配合度都會變高。同樣的概念也可以運用在親師合作上，有時候班級老師會分享一些對孩子有利且有用的引導方式，這些如果是老師在教室裡已經操作過並看到成果的，建議家長在家中也採取一致性的方法，如此一來，孩子更容易類化他習得的能力，學習的成效也會更理想。

國家圖書館出版品預行編目（CIP）資料

寶貝要上幼兒園了！：給特殊兒家長的入學準備工具箱／袁巧玲 著 . -- 初版 . -- 臺北市：遠流 , 2016.07
面； 公分 . --（親子館；A5034）
ISBN 978-957-32-7842-9（平裝）

1. 特殊教育 2. 學前教育

529.5 105008777

親子館 A5034
寶貝要上幼兒園了！
給特殊兒家長的入學準備工具箱

作者：袁巧玲
主編：林淑慎
執行編輯：廖怡茜

發行人：王榮文
出版發行：遠流出版事業股份有限公司
100 臺北市南昌路二段 81 號 6 樓
郵撥／ 0189456-1
電話／ (02)2392-6899 傳真／ (02)2392-6658

著作權顧問：蕭雄淋律師
2016 年 7 月 1 日 初版一刷
售價新臺幣 280 元（缺頁或破損的書，請寄回更換）

ISBN 978-957-32-7842-9

遠流博識網
http://www.ylib.com E-mail: ylib@ylib.com